Armadura do Cristão - Preparação e engajamento no combate espiritual

Rogerio Cietto

Published by Rogerio Cietto, 2015.

ARMADURA DO CRISTÃO - Preparação e engajamento no combate espiritual

ÍNDICE

Prefácio - Memento Mori

    Introdução

    1. Vigiar

    2. Cinturão da Verdade

    3. Couraça da Justiça

    4. Sandálias da Prontidão

    5. Escudo da Fé

    6. Capacete da Salvação

    7. Espada do Espírito

    8. A Hora do Combate

Conclusão

Posfácio - Campo da Armadura do Cristão

PREFÁCIO - MEMENTO MORI

Se você veste ou já vestiu uma farda, provavelmente já entrou em contato com a conhecida colega de trabalho de toda atividade de risco, a dona Morte. Com certeza ela chega para todo mundo, e por mais que cientistas e filósofos tentem encontrar meios para evitar este fatídico encontro, a verdade é que ela continua fazendo seu trabalho, incansavelmente.

Em muitas atividades de risco a dona Morte acompanha a atividade quotidiana daquele profissional, em trabalhos com eletricidade, altura, inflamáveis, mergulho, entre tantos. No entanto, na profissão militar temos a atribuição de causar voluntariamente a morte de uma pessoa, nas hipóteses legais que podemos resumir aqui para legítima defesa (em tempo de paz) e guerra justa (no estado de beligerância).

Note bem: se a pessoa agiu neste sentido para defender sua própria vida, ou de terceiro (legítima defesa) ou se o militar (incluindo o partisan, o contratado militar privado, e até mesmo o mercenário e o guerrilheiro, em certos casos) tirou a vida de alguém em um contexto de conflito armado (um conceito um tanto nebuloso hoje em dia devido ao terrorismo e às organizações criminosas), a pessoa está justificada diante de Deus em relação ao quinto mandamento da Igreja ("não matarás").

"Não causarás a morte do inocente e do justo". (Ex 23, 7). Não temos o direito nem a onisciência divina para julgar se uma determinada pessoa é inocente ou justa, portanto fuja desta linha de raciocínio. No entanto, os atos concretos que a pessoa está praticando naquele momento permitem verificar se aquela determinada conduta está eivada de malícia e de vício, capaz de eliminar o dom mais precioso de Deus para o ser humano e o bem jurídico mais essencial, a vida.

Nenhum pai de família é obrigado a aceitar o martírio e deixar sua família desestruturada em termos materiais e principalmente espirituais, portanto não tem motivo nenhum para ficar com melindre de agir contra qualquer ameaça real e iminente à si mesmo ou a familiares e pessoas próximas. Este é um dilema a ser enfrentado em situações críticas (matar ou morrer?), e espero que você tenha resolvido isso na sua cabeça desde logo. Agir em legítima defesa não é crime nem pecado (mas tome cuidado com o excesso no uso da força, algo muito fácil de acontecer no calor do momento).

Portanto, o Deus de misericórdia está com o coração aberto para você, mesmo tendo vivido o inferno da guerra. Nada que você tenha feito é motivo para Deus deixar de te amar e querer a sua salvação. Eventuais excessos e até atitudes impensadas podem ser neutralizadas pelo sacramento da Confissão. O amor divino está te esperando, mas Ele espera seu coração se abrir para que Ele faça em você sua morada.

O paradigma do conflito armado é diferente do tempo de paz, bem diferente. Quando pessoas de diferentes países (ou grupos dissidentes/revolucionários dentro de um país) tomam em armas uns contra os outros, agindo em nome de um Estado (ou de uma suposta causa na qual acreditam), estas pessoas, durante as hostilidades, deixam de ser apenas cidadãos, passando a receber o título de combatentes, ou seja, possuem o direito (dever) de neutralizar objetivos militares (outros combatentes, legítimos ou não).

É por esta razão que objetivos não militares (que não vão trazer qualquer vantagem ao esforço de guerra) não devem ser atacados, como não-combatentes, crianças, mulheres, idosos, residências, escolas, hospitais, enfim, qualquer pessoa ou objeto que não esteja participando ativamente das hostilidades.

Da mesma forma, quando cessam as hostilidades não há mais sentido em manter qualquer animosidade com cidadãos do país adversário. Ocorre que uma população marcada pela guerra demora muitos anos para aprender a perdoar e entregar todo o sofrimento nas mãos de Deus. Tarefa difícil e absolutamente necessária para impedir que o conflito armado renasça nos corações e mentes daqueles que perderam seus familiares, suas casas, empregos, etc. pelos horrores da guerra.

Declarar guerra (estado de beligerância) ou participar de uma guerra é considerado um pecado grave? A teoria da guerra justa elenca os requisitos necessários para um país entrar em um conflito armado:

- seja declarada e executada por uma autoridade legítima, sem oposição do povo;

- por uma causa boa e justa, como a legítima defesa, a ação preventiva contra um tirano que estava para atacar ou a punição de um inimigo culpado;

- com uma chance razoável de sucesso;

- para alcançar a paz (intenção correta);

- quando for necessário evitar um mal maior que o dano causado pela guerra; e

- como último recurso, depois que o diálogo e a negociação falharem.

O Catecismo da Igreja Católica ilumina bastante este tema, e merece ser lido com atenção.

2308. Cada cidadão e cada governante deve trabalhar no sentido de evitar as guerras.

No entanto, enquanto «subsistir o perigo de guerra e não houver uma autoridade internacional competente, dotada dos convenientes meios, não se pode negar aos governos, uma vez esgotados todos os recursos de negociações pacíficas, o direito de legítima defesa» (73).

2309. Devem ser ponderadas com rigor as estritas condições duma legítima defesa pela força das armas. A gravidade duma tal decisão submete-a a condições rigorosas de legitimidade moral. É necessário, ao mesmo tempo:

- que o prejuízo causado pelo agressor à nação ou comunidade de nações seja duradouro, grave e certo;

- que todos os outros meios de lhe pôr fim se tenham revelado impraticáveis ou ineficazes;

- que estejam reunidas condições sérias de êxito;

- que o emprego das armas não traga consigo males e desordens mais graves do que o mal a eliminar. O poder dos meios modernos de destruição tem um peso gravíssimo na apreciação desta condição.

Estes são os elementos tradicionalmente apontados na doutrina da chamada «guerra justa».

A apreciação destas condições de legitimidade moral pertence ao juízo prudencial daqueles que têm o encargo do bem comum.

Na sequência, o Catecismo comenta sobre a atividade militar, inclusive o serviço obrigatório, em especial quando é declarado o estado de beligerância (expressão politicamente correta para avisar o povo de que suas vidas vão ficar de cabeça para baixo por um bom tempo):

2310 Os poderes públicos têm, neste caso, o direito e o dever de impor aos cidadãos as obrigações necessárias à defesa nacional.

Aqueles que se dedicam ao serviço da pátria na vida militar são servidores da segurança e da liberdade dos povos. Na medida em que desempenharem como convém esta tarefa, contribuem verdadeiramente para o bem comum e para a salvaguarda da paz.

Pode ter certeza que um Deus justo e verdadeiro, que quer nossa salvação, não iria colocar impedimentos (ainda que morais) para que uma determinada nação que busque a paz e a prosperidade de seus cidadãos seja simplesmente obrigada a aceitar que um tirano de um país vizinho a conquiste e destrua. Temos exemplos suficientes no Antigo Testamento (filisteus, egípcios, babilônios...) de que Deus não apenas aceita a guerra, mas serve dela como meio para demonstrar o Seu Poder para os povos pagãos, a fim de que encontrem o verdadeiro Deus, único e eterno (que reina até debaixo da água do Mar Vermelho).

No entanto, apenas a confirmação de que uma determinada guerra é justa não é garantia de sucesso diante de Deus (nem dos homens). Mais uma preciosa lição do Catecismo que toda pessoa das armas precisa saber, para bem exercer sua profissão:

2312. A Igreja e a razão humana declaram a validade permanente da lei moral durante os conflitos armados. «Uma vez lamentavelmente começada a guerra, nem por isso tudo se torna lícito entre as partes beligerantes» (76).

2313. *Devem ser respeitados e tratados com humanidade os não-combatentes, os soldados feridos e os prisioneiros.*

As ações deliberadamente <u>contrárias ao direito dos povos e aos seus princípios universais</u>, bem como as ordens que comandam tais acções, são <u>crimes</u>. Uma obediência cega não basta para desculpar os que a elas se submetem. Assim, o <u>extermínio dum povo, duma nação ou duma minoria étnica</u> deve ser condenado como <u>pecado mortal</u>. É-se moralmente obrigado a resistir às ordens para praticar um genocídio.

2314. *«Toda a ação bélica, que tende <u>indiscriminadamente à destruição de cidades inteiras ou vastas regiões com os seus habitantes</u>, é um <u>crime contra Deus e o próprio homem</u>, que se deve condenar com firmeza, sem hesitação»* (77). *Um dos perigos da guerra moderna é o de oferecer aos detentores das armas científicas, nomeadamente atômicas, biológicas ou químicas, ocasião para cometer tais crimes.*

Em suma, a guerra é o caos. Confusão, morte e destruição. E o militar, como artífice do caos, é chamado a causar tudo isso na vida das outras pessoas, com consequências profundas e irreversíveis em toda a sociedade. Um soldado pode sair de uma guerra, mas a guerra não sair de um soldado. Eis o ponto crucial: como viver a profissão das armas sem sentir ódio por aqueles que queriam te matar, ou ressentimento por aqueles que você matou?

A resposta a esta pergunta-chave está em uma expressão que, embora antiga, mantém uma relevância profunda e universal: *memento mori*. Essa frase em latim significa "lembre-se de que você é mortal" ou "lembre-se da morte". Pode parecer sombria à primeira vista, mas, na verdade, ela carrega uma mensagem poderosa de reflexão, preparação e valorização da vida.

Memento mori tem raízes na tradição filosófica e artística do mundo ocidental, especialmente na Idade Média e no Renascimento. Artistas criavam imagens e símbolos que lembravam as pessoas de sua mortalidade, incentivando uma vida de virtude, reflexão e propósito. Para os militares, essa expressão serve como um lembrete constante da fragilidade da vida e da importância de estar sempre preparado para quando ela chegar.

No ambiente militar, *memento mori* pode ser interpretado como um chamado à vigilância, disciplina e responsabilidade. Reconhecer a mortalidade não é um motivo de medo, mas uma motivação para agir com coragem, integridade e dedicação. Afinal, a consciência da finitude reforça a importância de proteger a si mesmo, aos companheiros e à nação.

Ao manter essa lembrança, os militares podem cultivar uma atitude de respeito pela vida, ao mesmo tempo em que se preparam para enfrentar desafios com determinação. Essa perspectiva ajuda a valorizar cada momento, a honrar o compromisso com a missão e a manter a humildade diante das adversidades.

Memento mori é mais do que uma frase antiga; é uma filosofia que incentiva a viver com propósito, responsabilidade e coragem. Para quem prestou o compromisso de defender sua nação mesmo com o prejuízo de sua própria vida, ela reforça a importância de estar sempre alerta, de valorizar a vida e de cumprir suas missões com honra, sabendo que cada momento é precioso.

Ao lembrarmos da finitude de nossa existência é possível encontrar a rota de saída para as causas profundas que levaram ao conflito, sejam elas econômicas, sociais ou ideológicas. Lembre-se de que do outro lado das linhas inimigas também tem um jovem com esperança de um mundo melhor ou um pai de família pedindo a Deus para voltar para casa.

Amar ao próximo como Jesus nos amou, este é o caminho seguro para encontrar a paz antes, durante ou depois de períodos históricos conturbados pela violência. A morte é um lembrete de valorizar a vida, sempre e em todo lugar, e buscar a paz duradoura, a paz de Cristo.

Confira a mensagem poderosa que encontramos na Bíblia: "Bem-aventurados os que promovem a paz, porque serão chamados filhos de Deus." Essa frase nos lembra de uma missão especial que todos nós, independentemente do uniforme que vestimos, podemos abraçar: ser agentes de paz em nossas ações e atitudes.

Por exemplo, este livro foi inspirado pelo Espírito Santo logo após um evento muito inesperado na minha vida: estava em uma missão, acompanhando as tropas, e após a atividade física fui tomar banho. Como o local era improvisado não havia divisórias entre os chuveiros, e logo apareceu também outro militar para tomar banho. Depois de conversar sobre o trabalho ele me perguntou: "E então, o senhor matou quantos hoje?"

Respondi imediatamente: "Você não entendeu, né, guerreiro? Estamos aqui para combater os principados e potestades, os espíritos malignos que andam pelo mundo para perder as almas. Esse pessoal atirando na gente todo dia são apenas os secretários, não o verdadeiro inimigo". O Evangelho precisa ser anunciado com oportunidade, mesmo que seja entre dois homens pelados e ensaboados em um banheiro coletivo.

Como militares, muitas vezes somos chamados a proteger, defender e manter a ordem. Essas tarefas exigem coragem e força, mas também carregam uma responsabilidade ainda maior: promover a paz. Afinal, a verdadeira força não está apenas na capacidade de lutar, mas na habilidade de buscar soluções pacíficas, evitar conflitos sempre que possível e agir com justiça e compaixão.

Ser um "filho de Deus" implica viver de acordo com Seus ensinamentos, e isso inclui ser um promotor da paz. Quando escolhemos dialogar, entender o outro e agir com integridade, estamos refletindo o amor e a misericórdia de Deus. Nosso papel não é apenas proteger as pessoas de ameaças externas, mas também criar um ambiente onde a paz possa florescer, mesmo em tempos difíceis.

Lembre-se de que cada ação sua pode ser um instrumento de paz. Seja na rotina diária, nas missões ou no relacionamento com colegas e civis, sua postura de paz e respeito pode transformar ambientes e inspirar outros a também buscarem a harmonia.

Então, querido militar, ao cumprir sua missão, lembre-se de que promover a paz é uma das maiores expressões de força e coragem. E, ao fazer isso, você estará vivendo de acordo com a promessa de ser chamado filho de Deus, refletindo Seu amor e Sua paz neste mundo.

Que você continue sendo uma luz de esperança e paz, sempre guiado pelos valores que fortalecem não só sua missão, mas também seu espírito. Espero que essa reflexão seja útil e inspire vocês a manterem sempre essa lembrança viva em suas ações diárias.

INTRODUÇÃO

"Contende, Senhor, com aqueles que contendem comigo; combate contra os que me combatem", Salmos 34 (35), 1

Cristão, você está preparado para o combate? Não estou falando dos combates contra homens de carne e sangue. Estes também são perigosos, e é importante estar preparado contra quem queira lhe fazer mal, sem dúvida. Refiro-me a outro campo de batalha. As lutas contra o demônio ocorrem no campo de batalha espiritual, mas o maligno envia diversos secretários de carne e sangue dos seus muitos escalões de combate para perturbar a vida do cristãos. A camuflagem é impecável, armamento de todo tipo, calibre e configuração. Usa até armas químicas e biológicas (não entendeu? Crack e AIDS/SIDA são alguns) sem que ninguém o acuse de crimes de guerra. Suas táticas desafiam estrategistas como Clausewitz, Sun Tzu, Napoleão ou Patton. Você está preparado para ESTE tipo de combate?

Eu acreditava que estava. Ia à missa, confessava de vez em quando, procurava falar a verdade, pagar minhas contas, ser bom pai e marido. Rezei o rosário antes das provas para um concurso e fui aprovado, mesmo tendo estudado vários assuntos desnecessários. Fiz jejum para encontrar um apartamento próximo da escola das crianças. Pedi a Deus para atrasar a decolagem de um avião até eu chegar ao aeroporto e miraculosamente fui atendido. Fui até para grupos de oração nos moldes da Renovação Carismática. Mas o inimigo usou diversas brechas, e atacou nos momentos em que a guarda estava baixa. Estas poucas palavras são um testemunho da graça e misericórdia divina, e um esforço para que outros aprendam com meus erros. São Paulo escreveu para Timóteo: "Combati o bom combate, acabei a carreira, guardei a fé". Mas que combate é esse, que no fim da carreira a pessoa não perdeu a fé e a esperança? Mais importante ainda, como me preparar e engajar neste bom combate?

Quem já esteve no campo de batalha físico sabe muito bem (ou deveria saber) que o combate começa no campo espiritual, transcorre no campo espiritual e termina no campo espiritual. Percebe-se já no treinamento. O preparo psicológico para fazer cursos operacionais exige do aluno uma meta, um objetivo. Ninguém vai ralar a carcaça apenas por ralar, por masoquismo. Os alunos movidos pela vaidade de dizer 'eu sou bom!', pela remuneração a mais ou para descontar sua ira em alguém podem até completar o curso, com muito esforço, mas seu sofrimento não trouxe nenhum crescimento pessoal, e não aprenderam nada na batalha espiritual. Estes não vão longe.

O preparo físico isolado do espiritual é insuficiente para o soldado não se apavorar e fugir assim que sentir o cheiro de sangue misturado com lama e pólvora. Para aceitar arriscar a sua vida, o soldado precisa da plena convicção de que está lutando por uma boa causa (prometer virgens no paraíso não é suficiente para quem tem discernimento), que seus atos fazem parte de um esforço comum para fazer o bem. A luta pelo seu país fica do lado de fora, mas por dentro todo mundo luta pela sua família, pelos seus amigos, pela vida e liberdade de si mesmo e de todos esses entes queridos. Isso é amor pela pátria, patriotismo de verdade (o patriotismo pode surgir numa competição esportiva internacional, mas com pouca intensidade; isso fica claro quando ocorre a derrota e o esportista é hostilizado: além de egoísmo, demonstra-se falta de patriotismo, pois o egoísta não quer ser solidário com o perdedor, nem mesmo se a derrota foi justificável; qualquer um consegue ser solidário nos ganhos, mas apenas quem ama seu país é solidário nas perdas). Outro exemplo, a guerra contra as drogas ou o terrorismo é impessoal e não motiva ninguém, mas se o combatente visualizar o quanto de droga ou de medo ele conseguir afastar de seus entes queridos, ele vai à luta com força total. Patriotismo verdadeiro é amor pela família.

Na falta de valores morais, o soldado pode também ir para a batalha com o mal no coração. Endemoniado, o combatente vai ganhar muitas lutas, mas a favor do maligno, e cometer atrocidades contra mulheres, crianças e pessoas indefesas. Se este é o seu caso, pode fechar este livro. Não perca seu tempo. Recuso-me a escrever para você. Volte apenas depois de um sincero arrependimento, reconciliação e conversão.

Se não há valores morais que justifiquem a luta, o soldado desanima. A sua própria consciência começa a questionar: 'Onde eu estava com a cabeça?' 'Será que estou fazendo o certo?' A emoção e a aventura logo dão lugar ao cansaço e ao desânimo. No primeiro contato (batismo de fogo) o desespero assume as rédeas da vida do combatente, que não quer morrer em vão, não quer se sacrificar por algo que não vale seu sangue.

Toda batalha é espiritual. Se você não estiver preparado, você já perdeu. São Paulo escreveu como devemos nos preparar, na Carta aos Efésios, 6, 13-17:

"Tomai, portanto, a armadura de Deus, para que possais resistir nos dias maus e manter-vos inabaláveis no cumprimento do vosso dever. Ficai alerta, à cintura <u>cingidos com a verdade</u>, o corpo vestido com a <u>couraça da justiça</u>, e os pés <u>calçados de prontidão</u> para anunciar o Evangelho da paz. Sobretudo, embraçai o <u>escudo da fé</u>, com que possais apagar todos os dardos inflamados do maligno. Tomai, enfim, o <u>capacete da salvação</u> e a <u>espada do Espírito</u>, isto é, a palavra de Deus".

O preparo para o combate físico é bem diferente do preparo espiritual, mas a base para um bom preparo físico é um bom preparo espiritual. Treinar apenas a carcaça pode ser vaidade, orgulho ou até mesmo cobiça, e não dura muito, ou será utilizado pelo maligno para disseminar as trevas, com seus pecados e os que te seguirem. Você quer liderar outras pessoas para o mau caminho? Quer ser ocasião de perda para os seus irmãos e irmãs?

Certamente você já percebeu o uso de muitas expressões e gírias militares neste livro. Não se preocupe. As coisas de Deus são simples, por isso vou escrever da maneira mais simples possível, sem perder conteúdo. Sem elocubrar nem pagar embuste. Se você, no entanto, é um profissional das armas e não está preparado para o combate espiritual, leia com atenção o que vos escrevo. A melhor hora para ler é quando você está em missão fora da guarnição, sua esposa e filhos estão tristes ou bravos com você e sua ausência, e os colegas te chamam para ir pra saca, dar um soco, ir pra pista... Pode achar que sou maluco, que este livro é bobagem, mas leia até o final. Sua família agradece.

Qual a parte mais prazerosa da missão? Com certeza não é o preparo, toda a expectativa e angústia, preparação e teste do material, equipamento, fardamento, estudo de área, mandato da missão, inimigos, forças neutras e aliadas, meios disponíveis, e a cobrança dos superiores até o momento do embarque... Tampouco seria toda a tensão em cada uma das patrulhas, os olhares semicerrados da população, o suor, poeira e mau cheiro, de pneu queimado, urina, fezes, os tiros que subitamente vêm de todo e qualquer lugar... A patrulha fica a noite inteira subindo e descendo da viatura, sem achar nada. O Mandado de Busca e Apreensão demora para chegar, e no final o local está limpo. Isso quando só acontece o que foi previsto. Quando surgem as denúncias de violações aos Direitos Humanos e Direito Internacional Humanitário, pessoas torturadas, crianças estupradas, mulheres mutiladas, e a população hostiliza abertamente a tropa com paus e pedras, a escalada da violência parece nunca acabar. Então, há algum prazer na missão?

Posso dizer por mim, o que sinto no meu coração. A maior alegria da missão não é quando ela termina, porque eu amo muito o que faço, e se fizer meu trabalho bem feito, e não levar pedradas ou pauladas da população (tiros das Forças Adversas tudo bem, está previsto nas Regras de Engajamento) estou satisfeito, e pronto para fazer de novo, tantas vezes quanto necessário. Gosto tanto do que faço que exagerei na dose, estava tão viciado na adrenalina do combate que fui voluntário para uma missão no exterior mesmo contrariando a opinião de minha esposa. Primeiro pedi a cura deste vício, rezando o Terço da Misericórdia todo dia diante do Santíssimo. Então discutimos bastante e ambos fizemos um ajuste no rumo profissional, de modo a não prejudicar a família. Mas a alegria do final da missão é um prazer momentâneo, que pode voltar com menos intensidade quando narramos os acontecimentos (bloqueios, emboscadas, salvamentos, todo mundo tem uma aventura para contar). Será que é só isso?

O que preenche meu coração de júbilo é voltar para casa, receber abraços e beijos dos filhos, da esposa, perguntarem como foi a missão, se estou bem, quantos dias de folga... O militar precisa dar muito amor à sua família, estando presente, dispondo de seu tempo para eles. Por outro lado, a esposa e filhos precisam apoiar o militar em missão, não destruir seu emocional e manter a coesão. Muitos suicídios e outras formas de violência cometidas por militares em campanha surgem por problemas pessoais (término de namoro ou casamento, e também desobediência dos filhos). Os laços de família precisam ser continuamente fortalecidos com atividades conjuntas e oração, muita oração, pois no momento da missão é mais fácil ser egoísta e pensar apenas na falta que o militar vai fazer. Entretanto, o militar precisa valorizar sua família, fortalecer os laços, permanecer bastante tempo com eles, de corpo e de alma presentes, perguntar com interesse como estão as coisas, a lição de casa, brincar com os filhos sem melindre (vale até brincar de jogos de guerra), consertos de eletrodomésticos, oferecer ajuda nas tarefas domésticas... Ser presente é seu maior presente.

Família é tudo. Se você não tiver uma família para voltar no fim da missão, então você lutou por quem?

1. VIGIAR

"Se o Senhor não edificar a casa, em vão trabalham os que a edificam; se o Senhor não guardar a cidade, em vão vigia a sentinela", Salmos 126 (127), 1.

O que acontece com o militar pego desatento na hora, no serviço de sentinela? Responde por transgressão disciplinar ou até por crime, se estava acoxambrando, sem coturno, fuzil de lado, sem gorro. Tudo isso porque o inimigo vem no momento inesperado, não chega tocando sirene e soltando rojão (se soltar, é na sua direção, não para o alto...). Por causa de um colega desatento (ou vagabundo), o turno inteiro sofre: vai para lama, pra água, Sentado 1, 2! De pé, 1, 2! Para flexão, 1, 2! Ordem unida no pátio asfaltado às 12 horas, para o sol iluminar suas consciências (ou derreter seus miolos moles...). Se o combate físico é assim, por que seria diferente no combate espiritual?

Para quem já está com o pé na jaca, o maligno não faz esforço algum. Afinal, você voluntariamente entrou para as fileiras do mal. Entretanto, quem continua no bom combate, junto com Deus e para Sua glória, vai sofrer a carga. Quem desertou das fileiras inimigas e hoje está com Deus é um alvo preferencial, pois pode recair e já está infiltrado. Quais são as TTP (táticas, técnicas e procedimentos, ou *modus operandi*) do inimigo? Tente identificar alguns destes no seu cotidiano:

- pornografia no computador, no alojamento, no ambiente de trabalho, no celular;

- convites para atividades proibidas para a família (bar, boate, boca de fumo, etc);

- boatos e fofocas sobre celebridades, fatos desabonadores de pessoas conhecidas;

- pessoas contando vantagem sobre suas peripécias sexuais, ganho de dinheiro fácil, obtenção de vantagens imorais ou ilegais;

- situações que facilitam o descumprimento da lei, desde omissões na declaração de IR até parar o carro em local proibido;

- músicas e vídeos fazendo apologia ao crime, uso de drogas, sexo, violência gratuita, seja em carros de som ou com som alto ou em vídeos de celular ou webcam;

- omitir a verdade ou mentir, como forma de se safar ou se dar bem, como nas propagandas de alguns políticos brasileiros;

- propaganda com mensagem subliminar (a mulher atraente não vem junto com a cerveja, o cigarro, nem com o carro importado propagandeado);

- reportagens tendenciosas para causar ódio ou medo em determinado segmento da população.

Então, vigiar contra as ciladas do maligno é ir morar numa ilha deserta? Negativo. Você pode inclusive ir para a Sibéria, se levar toda esta poluição na sua cabeça não vai adiantar nada. Vigiar é reconhecer que o maligno está atacando, e repelir o ataque. Reflita atentamente se aquela informação, imagem ou objeto de consumo é importante para você, vai fazer você se aproximar de Deus. Não adianta dizer para si mesmo: "Serei solidário com meus amigos, vou dividir a cerveja para eles não sofrerem tanto", "vou usar um pouco de droga para me aproximar dos drogados, ganhar a confiança deles e depois conduzi-los para longe do vício", você está mentindo para si mesmo. "Jesus não excluía as prostitutas, por isso me aproximo delas e uso seus serviços" é um dos piores argumentos para justificar um pecado grave, porque é uma blasfêmia e uma distorção da palavra de Jesus, um pecado mais grave ainda.

Nas batalhas espirituais o dano causado é doloroso e de difícil reparação. Quem viu pornografia a vida inteira vai ver toda mulher como objeto de consumo, não como ser humano. E as imagens ficam gravadas em locais privilegiados da memória, como um coldre de saque rápido, e voltam à mente na primeira oportunidade. Aos poucos o prazer com a própria esposa diminui, e nos momentos de afastamento vêm à tona os instintos. Resultado: separações, filhos não planejados e/ou abandonados, amargor e tristeza para todos. Nas missões no exterior surgem as violações de direitos humanos, ou seja, os militares que foram ao local para defender a população estão tirando proveito dos mais indefesos e atacando quem deveriam proteger.

Qual Deus você adora? O Deus único e Todo-Poderoso? Você refletirá a luz de Deus na sua vida, onde você estiver. Mas, se seu deus for seu corpo, seu trabalho, seu intelecto, seu carro, casa ou celular, ou as drogas, o sexo, a violência, você está longe do Deus verdadeiro. Volte enquanto dá tempo.

Quem se entrega às paixões como o cavalo e o burro, sobre estes o demônio tem poder, disse o anjo Rafael para Tobias. Não se trata apenas de sexo, mas também de ganhar dinheiro, gastar dinheiro, cuidado excessivo e obsessivo com o corpo, demonstração de autoridade, até mesmo falar sem medida podem fazer de você um soldado do maligno, levado pela cobiça e vaidade. No fim, colega, você estará sozinho, sem ter a quem pedir ajuda.

Sem vigilância o barco fica à deriva, sem rumo. Sem família a pessoa fica desprotegida, solta no mundo. Ao contrário, uma família temente a Deus é coesa, um ajuda o outro nos momentos difíceis. Quer descobrir em quem confiar? Pergunte aos seus amigos do futebol ou do boteco se eles te ajudariam a pagar as contas do seu cartão de crédito...

2. CINTURÃO DA VERDADE

"Envia a tua luz e a tua verdade, para que me guiem; levem-me elas ao teu santo monte, e à tua habitação" Salmos 42 (43), 3

A base de uma boa armadura é o cinto, que a segura e mantém ajustada. Não é a proteção para os pés, falarei disso logo. Um militar sem um cinto ajustado não consegue combater. Suas calças ficam caindo, seu colete fica aberto. Não pode correr, as pernas ficam presas. Não pode usar as mãos, estão ocupadas. Não consegue carregar bastante peso, a coluna não tem firmeza. Como alguém vai combater com as mãos segurando as calças? Em suma, o guerreiro sem cinto é pego pelo inimigo de "calça curta", de cueca, que aproveita sua vulnerabilidade e ainda o humilha na derrota.

Durante o Ensino Médio meus colegas de classe inventaram uma brincadeira de muito mau gosto: como as calças e bermudas tinham apenas elástico na cintura, um puxava as calças do outro no meio do laboratório, na frente das meninas. O *bullying* só parou quando começaram a vender calças com cordão para amarrar.

Em um acampamento um dos militares havia perdido a fivela do cinto, e ficou em apuros quando todos foram chamados para o local de reunião. Segurava a calça, derrubava o fuzil. Ia pegar o fuzil, derrubava o gorro. Felizmente encontramos outro cinto antes de ele entrar na água e perder as calças (ou se afogar, para ser encontrado morto mostrando as partes íntimas). Ir para o combate sem cinto é derrota certa.

Com a mentira e a informação escondida acontecem as mesmas coisas.

Quando a pessoa é pega na mentira, logo vem a sensação de vergonha e humilhação, como se lhe tivessem baixado as calças no meio da rua, ou quando a calça rasga bem na costura da virilha quando você se abaixa para pegar algo. Surgem as acusações: "você não disse que estava na casa do seu amigo?", "esse dinheiro não havia sido gasto com remédios?"...

O combate espiritual acaba antes mesmo de começar, e o inimigo faz verdadeira campanha psicológica para sujar sua imagem e credibilidade.

Quem não usa o cinto da verdade vai usar da mentira como arma, ou vai omitir alguma informação importante. Esconde da família onde esteve, o que fez, quanto ganhou, quanto gastou. Alguns escondem até mesmo onde moram dos colegas, ou o contracheque da esposa. A verdade, meu irmão, te protege das ciladas mais astutas do inimigo, que podem te atingir quando você está desprevenido.

Outra ocasião de mentira é a ostentação de algo que você não é. As fotos pessoais nas mídias sociais mostram as pessoas sempre felizes, ricas e poderosas. Não mostra nenhuma briga ou sofrimento da pessoa, apenas dos outros. Mostra a bebida, mas nunca a ressaca no trabalho no dia seguinte. Mostra o carro importado, mas falta a fatura atrasada do cartão e os gastos com combustível, IPVA, seguro. Ninguém precisa ser rico e poderoso de fato para ser feliz. Ostentar algo que não é, então, fica pior ainda. Além disso, quando caem as máscaras, a humilhação atinge todas as pessoas envolvidas. Casamentos e amizades baseados em *status*, dinheiro ou poder não duram muito, as desconfianças surgem mais cedo ou mais tarde. Se for ostentação, as acusações começam de todos os lados. Não adianta procurar culpados, pois neste jogo ninguém é inocente. Quem mentiu e quem esperava vantagem indevida.

Uma mentirinha acaba puxando outra mentira, e assim vai, numa corrente que vai te puxando para o fundo. Mentiu? Assuma, arrependa, confesse. Vai doer muito menos, e você pode recuperar a confiança com o tempo. A reputação do combatente protege muito mais que capacetes ou blindagem. Aquele que faz o mal permanece nas trevas, ensinou Jesus, porque não deseja que seus atos sejam expostos. Quem faz o bem não teme a luz de Deus, a verdade. Deixe a luz de Deus iluminar seu procedimento, falando e escrevendo tudo com retidão e responsabilidade.

É preciso ter coragem para anunciar a palavra de Deus, porque pode ter certeza que cada boa ação que você fizer vai ter retaliação. Para se proteger do medo e da vergonha, tenha sempre ajustado seu cinturão da Verdade, falando sempre com correção e na hora certa.

3. COURAÇA DA JUSTIÇA

"Fazei justiça ao pobre e ao órfão; procedei retamente com o aflito e o desamparado" Salmos 81 (82), 3.

A couraça é uma armadura de placas de metal, colocadas de forma a proteger o corpo sem limitar muito os movimentos. Protege o corpo todo, exceto a cabeça. Protege de todo tipo de impacto em combate, exceto flechas e dardos (estas podem perfurar a placa, e para tirar do corpo é preciso arrancar um bom pedaço da carne junto). Hoje a proteção para o corpo é feita de kevlar e placas de aramida, bem mais leves e capazes de resistir a disparos de armas de fogo.

Bem ajustada ao corpo, a armadura protege contra os impactos. Se estiver folgada, os ataques podem vir dos pontos abertos (normalmente no tronco, debaixo dos braços) e o combatente vai correr desengonçado, balançando todo o conjunto. Se estiver apertada, o combatente fica sufocado e seus movimentos ficam limitados, incapacitando-o para o combate.

Fica fácil de entender o uso da couraça da justiça quando usada com o cinturão da verdade: não basta apenas falar a verdade, ter um discurso honrado e sincero, mas a verdade tem que estar combinada com a prática, com atitudes honradas e sinceras. Em outras palavras, a justiça está para o fazer assim como a verdade está para o dizer.

Bem ajustada ao espírito, a armadura protege contra as blasfêmias. Uma pessoa justa não cai no conto do vigário, não compra bilhete de loteria premiado, não participa dos esquemas de negócio em pirâmide (Telex Free, Avestruz Master, Am Way, todo dia aparece um), não acessa *link* suspeito enviado por email, não faz ligação clandestina de água ou energia, respeita a sinalização de trânsito, respeita as leis de vizinhança previstas no Código Civil. Uma pessoa justa devolve o troco a mais, dispõe do seu lixo em lugar adequado (não mistura casca de banana com pilhas gastas), devolve objetos que encontrou, independente do valor, respeita horários de compromissos e cumpre suas obrigações.

Quando a teoria destoa da prática, todos conhecem as consequências: tempo perdido, dinheiro desperdiçado, sofrimento desnecessário. Não apenas para a pessoa, mas para todos os que a cercam ou que acreditaram nela. Se folgada, a armadura da justiça não protege os pontos vitais, e o inimigo vai aproveitar um momento de distração; se apertada demais, a pessoa torna-se inflexível, com um código de conduta tão elevado que só ela (ou nem ela) consegue cumprir, torna-se uma pessoa irritante, afasta os outros e muitas vezes é incapaz de perdoar.

Eu nem sempre fui justo. Pregava um discurso de moralidade, austeridade nas contas domésticas, esforço no trabalho e nos estudos, mas na prática eu fui preguiçoso no trabalho, perdi a perseverança nos estudos, gastava em segredo o que o orçamento doméstico não permitia, e ainda ficava vendo pornografia no computador. Claro que fui atingido, meus flancos estavam descobertos. Mas Deus, na Sua eterna paciência, foi aos poucos me tirando da lama, mostrando minhas fragilidades. Ainda sou frágil em muitos pontos espirituais, mas agora sei onde estão, e protejo-os melhor.

Não é nada fácil ser justo. Nunca foi, e não espere que um dia será fácil usar a armadura da justiça (a justiça é mais pesada para o espírito do que o colete de kevlar e aramida para o corpo. Duvida? Seja justo e você sentirá). Saiba que o esforço vale a pena, o justo está protegido de quase todos os ataques do inimigo (ainda tem o escudo, já vou chegar nele).

Como saber se estou sendo justo? Use a Regra de Ouro, prevista no Direito Internacional Humanitário: "Não faça aos outros aquilo que não gostaria que fizessem para você". Não quer levar tiro pelas costas? Não dê tiro pelas costas. Não quer ser capturado e depois torturado? Não torture. Não quer que invadam sua casa e peguem suas coisas? Não invada a casa dos outros (salvo em flagrante delito, desastre ou mandado judicial), e não pegue as coisas dos outros (exceto nos casos previstos em lei, eu sei que você me entendeu). Mesmo que o inimigo faça, você não deve fazer, porque o soldado de Cristo guarda Suas palavras com a própria vida, não é um mercenário inescrupuloso.

Percebe-se que a Regra de Ouro do DIH foi inspirada nas palavras de Jesus Cristo: "Amai ao próximo como a ti mesmo". Jesus simplificou e muito a nossa vida, não precisa de muito esforço, e não me venha com conversa mole de que as coisas são mais complexas hoje do que há dois mil anos, porque as palavras de Jesus são atuais, e sempre serão. Peça discernimento. Ouça o Espírito Santo (a sua consciência) falando com você. Se você não ouviu nada, tome cuidado. Seja justo consigo mesmo e com seu próximo. Senão, como você vai pedir que Deus seja justo com você?

4. SANDÁLIAS DA PRONTIDÃO

"Firma os meus passos na tua palavra; e não se apodere de mim iniquidade alguma". Salmos 118 (119), 133.

Dependendo da Bíblia que você usa, a tradução de "sandálias da prontidão" pode variar, e isso exigiu de mim muita paciência e discernimento. Pesquisei o texto em vários idiomas, para tentar chegar a alguma conclusão. O texto em Efésios 6, 15 pode ser "preparando o Evangelho da paz", "aprestamento do Evangelho da paz" ou "o zelo para propagar o Evangelho da paz". Prontidão é estar pronto, preparado, aprestado, e logo você vai entender porque escolhi "sandálias da prontidão".

A mobilidade é fundamental para o combatente. Quem fica parado no campo de batalha torna-se um alvo fácil. Nos conflitos armados de outrora o combatente precisava se deslocar por trincheiras, ou procurando abrigo onde fosse possível, mas sempre em movimento, avançando ou recuando junto com a tropa, ou eventualmente isolado.

O conflito armado moderno exige ainda mais mobilidade, patrulhas à pé muitas vezes junto à população civil, em ambiente urbano, na busca dos alvos e principalmente para transmitir confiança e credibilidade, e assim conquistar o apoio da população. Sem dúvida a exposição ao risco é maior, mas o objetivo é demonstrar segurança. Se a tropa passa no meio da rua sempre protegida dentro de blindados, o que a população vai pensar? Se a tropa não se sente segura, a população civil muito menos. E quando o blindado quebra o asfalto, a calçada, os carros estacionados, os pés das pessoas, o tiro sai pela culatra, e aquele que deveria garantir um ambiente seguro e estável é hostilizado. Chafurdou na lama, guerreiro!!!

Item de toda mochila do combatente é o antisséptico para os pés, comumente em talco. Serve para evitar que uma micose, um calo ou um pé-de-atleta tirem o combatente da ação. Ele não apenas vai sair do combate, mas tirar outros dois combatentes para transportá-lo, o que pode comprometer a missão. Os pés precisam ser protegidos de todo tipo de ação natural (umidade, frio, calor, espinhos, raízes, cobras) como perpetradas pelo homem (cordão de tropeço, minas anti-pessoais, armadilhas).

Percebeu a importância do movimento e da proteção aos pés no campo de batalha? O combate espiritual envolve o mesmo movimento. Um cristão não combate inimigo nenhum na frente da televisão, exceto assistindo pregações e programas que anunciam a Palavra de Deus, e mesmo assim é pouco. Um combatente de Cristo tem que sair de casa e usar muito os pés para ajudar nas diversas tarefas da paróquia, como distribuição de alimentos para famílias necessitadas, ajuda nas quermesses e celebrações, e outras atividades que exigem pés rápidos e confiantes.

Nossa igreja é peregrina. Peregrinar é equivalente a rezar com os pés (lembre-se disso na sua próxima marcha). Jesus fez duas peregrinações assim que veio ao mundo, uma no ventre de sua mãe para Belém, onde nasceu, e outra para o Egito, em virtude da ira de Herodes. Quando adulto, Jesus fazia os seus deslocamentos à pé, para estar em contato com o povo. Para fazer uma peregrinação você precisa proteger e cuidar bem dos pés.

Como fazer esse cuidado com os pés no campo espiritual? Estando sempre pronto para anunciar o Evangelho. Levante-se do sofá e procure a paróquia mais próxima. Ofereça a ajuda que puder, não apenas dinheiro. As igrejas precisam de pessoas pró-ativas, que fazem acontecer, que levam a luz de Deus ao próximo.

Um dos programas mais emocionantes que eu e minha família fizemos juntos foi distribuir comida para moradores de rua, junto com a Pastoral de Rua. Ninguém foi excluído, foi uma atividade familiar, e aproximou a todos nós. Numa sexta-feira à noite, ao invés de irmos a um restaurante para sermos servidos, fomos servir um prato de comida quente para pessoas que não sabem se vão comer no dia seguinte. Foi inesquecível. Inclusive comemos junto com eles, no final.

Ai de mim se não anunciar o Evangelho, escreveu São Paulo. Para engajar neste tipo de combate, meu irmão, você precisa estar de prontidão, e aproveitar as oportunidades que surgirem. De que adianta ter a luz de Deus em você e desperdiçá-la, não iluminando ninguém? Não basta conhecer o Evangelho, é preciso levá-lo a quem está nas trevas.

Em Mateus, 8, 8, narra-se que um centurião (equivale a um capitão na hierarquia militar moderna) pede a Jesus que salve seu servo. Quando Jesus pede para ir até o servo, o centurião diz: "Senhor, não sou digno de que entreis em minha morada, mas dizei uma só palavra e serei salvo". O centurião continua: "também tenho soldados às minhas ordens, e quando digo a um: vai, e ele vai; digo a outro: vem, e ele vem; e ao meu servo: faça isso, e ele faz". O centurião estava de prontidão para o que Jesus decidisse fazer sobre o assunto, em total submissão, e ainda deixou claro que bastava Jesus dizer: vai, e a doença iria embora, ou dizer: vem, e a cura viria imediatamente. No combate é assim, quando o comandante chama seu nome, você tem que estar pronto para o que for necessário, e cumprir as ordens, sem demora ou desleixo.

Ainda não entendeu, cristão? Quando Jesus disser: vai levar uma cesta básica a um necessitado, você vai, sem pensar, sem vacilar, faça chuva, neve ou sol. Quando Jesus disser: vem para uma comunidade carente ajudar, você vem, como um guerreiro disciplinado e consciente de seus deveres como cristão. Quando Jesus disser: faça um retiro espiritual ou uma peregrinação, você responde como Maria, exemplo de obediência: "eis aqui o(a) servo(a) do Senhor, faça-se em mim segundo a tua palavra." Quando Jesus chamar seu nome, você responde: Pronto, Comandante! ENTENDIDO!?!?!?

5. ESCUDO DA FÉ

"Vós, os que temeis ao Senhor, confiai no Senhor; ele é seu auxílio e seu escudo", Salmos 114 (115), 11

Antes do advento das armas de fogo o escudo era peça essencial de todo guerreiro. Golpes de armas contundentes, perfurantes ou cortantes poderiam ser aparadas, dando uma vantagem tática que pode fazer a diferença. O escudo é empunhado no braço fraco, pois o forte vai segurar uma arma. Quanto maior o escudo, maior a proteção, porém quanto mais pesado menor a agilidade em campo de batalha.

Atualmente o escudo é usado apenas em controle de distúrbios (manifestações públicas de grupos violentos) ou em entradas táticas, onde uma pessoa está fechada em um ambiente e está resistindo à prisão/captura.

O combatente moderno também precisa de muita fé (de que o para-quedas vai abrir, de que a arma não vai emperrar, que o combustível vai ser suficiente, e que o inimigo vai errar o tiro), mas a fé mais importante é em Deus, entregar-se à sua vontade com altruísmo e abnegação, temendo a Deus, e não ao inimigo, seja ele físico ou espiritual. Mesmo que você faça tudo certo na sua vida, seja verdadeiro e justo sempre e em todo lugar, o inimigo vai te atacar. Mesmo sem brecha alguma na mentira ou na injustiça, os ataques virão.

O cristão precisa de um escudo de fé? Você deve ter percebido que a armadura da justiça protege de muitos ataques do inimigo. Mas nem todos, pois quando o inimigo não encontra brecha na vida do justo, ele vem com carga total, para derrubar o combatente de qualquer jeito, em ataque frontal, que as sandálias da prontidão não conseguirão desviar. Ao combatente resta apenas agrupar e receber a carga com esperança e sem murmurar, como Jó, um homem justo que sofreu todo tipo de infortúnio, e não pecou contra Deus.

Exemplifico. Meu carro estava estacionado corretamente, durante o dia, e quando voltei a ele haviam batido tão forte na lateral que ele subiu na calçada. Prejuízo de alguns milhares de reais. Fiz alguma coisa de errado para merecer este castigo? Não me cabe conhecer os desígnios divinos, mas naquela situação não havia nada de injusto na minha conduta. Restou apenas acionar o seguro (a pessoa que bateu o carro deixou um telefone, e felizmente o seguro dela cobriu as despesas).

Nesta situação que o impacto injusto (pelo menos aparentemente) atinge a pessoa, a reação muitas vezes é de fúria ou desespero, blasfemando contra Deus e o mundo. "O que eu fiz para merecer isto?", "Não é possível, porque logo eu?", "Foi Deus quem quis", e outras infâmias. Muitos justos acabam aloprando porque não souberam receber um ataque frontal do inimigo, e caíram no pecado. Sintoma da falta de fé.

Entretanto, o cristão que mantém seu escudo da fé bem polido e brilhante, recebe o golpe sem esmorecer. Clonaram seu cartão de crédito? Perdeu o emprego? Furtaram seu celular? Furou o pneu do carro a caminho da entrevista de emprego? Teve diarreia ou cólica no dia da prova do vestibular ou do concurso? Sua filha se prostituiu? Seu filho se envolveu com drogas? Seu marido está em adultério? Sua esposa abandonou a casa e os filhos? Não adianta fugir de suas responsabilidades, acusando os outros apenas para eximir a si mesmo. Seja justo em tudo, denuncie, faça valer seus direitos. Mas quando a justiça se esgotar, receba o impacto com muita fé, atravanque e abra caminho no meio dos disparos com seu escudo de fé, sem retroceder no caminho, como um guerreiro temente a Deus deve se comportar.

Deixei o melhor exemplo para o final. O julgamento de Jesus não foi nem um pouco justo, e mesmo assim ele recebeu a flagelação e o martírio sem murmurar contra Deus. Durante sua crucificação ele inclusive entoou o Salmo 21: "Meu Deus, Meu Deus, por que me abandonaste?" As chicotadas e os pregos podem ter perfurado Seu Corpo, mas Sua confiança se manteve intacta, seu estado emocional se manteve inalterado, sem qualquer manifestação de falta de esperança, de desespero. Jesus tinha certeza absoluta, sem sombra de dúvida, que iria vencer a morte, ou seja, sua conduta permaneceu inabalável do início ao fim. Do contrário, como ele conseguiria perdoar seus algozes e manter um diálogo respeitoso com Deus estando pregado na cruz?

Ter um escudo de fé não significa que o combatente nunca vai cair no pecado, mas terá a fé, a força necessária para o cristão se levantar e enfrentar as adversidades. Mesmo que você tenha seguido fielmente o azimute, treinado e cumprido na íntegra os mandamentos, se o para-quedas não abrir, a arma emperrar, a gasolina acabar ou o inimigo acertar o disparo, entregue para Deus sua vida e abrace seu destino com alegria no coração.

"Se o corpo não aguenta, é a fé que nos sustenta!"

6. CAPACETE DA SALVAÇÃO

"Espero, Senhor, na tua salvação, e cumpro os teus mandamentos", Salmos 118 (119), 166.

A parte mais frágil do corpo é a cabeça, fundamental para a sobrevivência de todo o corpo. Danos na cabeça são irreversíveis na grande maioria dos casos. Os guerreiros da antiguidade usavam elmos de metal, com uma abertura pequena na frente para os olhos e para respirar, e um sinal indicativo da tropa que pertenciam, normalmente uma pluma grande e colorida, para evitar fratricídios.

Combatentes modernos usam capacetes balísticos, capazes de proteger a cabeça de disparos de armas de fogo. Quem já usou um capacete de combate sabe como incomoda, além do suor e da dor de cabeça, e possível calvície pelo uso prolongado. Mas a cabeça tem que estar protegida, pois um disparo pode gerar morte instantânea.

Da mesma forma, o capacete da salvação protege o combatente no local onde ele está mais vulnerável: nos pensamentos. Não e fácil entrar em confronto direto com um cristão determinado e aguerrido na sua fé; assim, o inimigo emprega meios indiretos, para confundir os pensamentos do combatente e desorientá-lo.

Como funciona essa tática? Chamada também como guerra de subversão, o inimigo procura gerar a revolta no intimo da pessoa, tornando relativo tudo o que ela acredita, seus valores morais, culturais e tradições. Desse modo o combatente acaba fugindo do campo de batalha, deserta ou pede desligamento de sua unidade (sua família) e vive desgarrado, sem rumo no mundo, e é facilmente cooptado pelas forças adversas.

A propaganda do inimigo visa destruir os valores que fortalecem a fé do combatente: a corrupção e o favorecimento diminuem os valores do trabalho e do empreendedorismo; o adultério enfraquece a importância da família, da paternidade e maternidade; a mentira como modo de se safar dos problemas ou fugir das responsabilidades é propagandeada como solução, enquanto a honra e a verdade são vistas como empecilhos, obstáculos para alcançar um objetivo; o estimulo ao consumo exagerado e impensado faz a pessoa cobiçar mais e mais bens materiais, esquecendo a caridade e o amor aos necessitados (quando a caridade tem segundas intenções, torna-se uma troca de favores).

O ataque é muito forte também pela vaidade, e sem perceber homens e mulheres são levados a cultuar seus corpos como se fossem deuses, sacrificando sua saúde e abreviando seu tempo de vida com medicamentos e cirurgias. A ostentação de títulos acadêmicos, posições de importância em empresas e órgãos públicos é um exemplo da soberba. E como se tudo isso não fosse suficiente, quem sucumbe à vaidade ou soberba, mas não consegue por em prática, começa a ter inveja e alimenta sua ira com roubos e assassinatos.

Nada disso é novidade, são pecados capitais há milênios, mas a campanha psicológica do inimigo e justamente fazer a pessoa acreditar que há situações, no mundo moderno, que justificam o cometimento desses pecados. "O importante é ser feliz", "Se eu não cuidar de mim mesmo, quem é que vai cuidar?", "Vou dar um presente para mim mesmo, eu mereço", "Todo mundo faz, por que eu não faria?" são desculpas injustificáveis. Pode demorar algumas horas ou vários anos, a fé do combatente fica desgastada ao assistir novelas, ler noticias sensacionalistas, filmes imorais, frequentar locais que favorecem o sexo sem compromisso, ou conviver com pessoas que praticam tais pecados.

Como, então, deve o cristão se proteger desses ataques, que pouco a pouco esmorecem sua fé? Lembrando-se da razão que rege nossas vidas. Pergunte a si mesmo: por qual motivo lutamos tanto neste mundo, pela nossa vida, pela nossa família? É uma luta incessante trabalhar honestamente todo dia, manter o bom humor, dar atenção à esposa, conversar com os filhos. Levar algumas cestas básicas para uma comunidade carente é um esforço de guerra. Visitar um orfanato, então, é uma operação de resgate de reféns. É muito mais fácil pecar. E então, para quê tanta faina?

Para ser salvo, é óbvio. Cristão, seu objetivo é a sua salvação, a vida eterna. Por isso, lembre-se que tudo o que você fizer nesta vida, faça pensando em qual seria a vontade de Deus para você. Mas seja sincero consigo mesmo, peça aconselhamento para pessoas próximas tanto de você como Dele. Muitas vezes eu sofro este dilema: minha atividade exige que, de tempos em tempos, eu acompanhe as tropas em missão, em locais de conflito ou de crise humanitária no país ou no exterior, para instruir o soldado sobre os aspectos jurídicos da operação (Direitos Humanos, Direito Internacional dos Conflitos Armados, Regras de Engajamento e Normas de Conduta) e investigar os casos de desvio de conduta. Esta atividade preenche meu coração de alegria, sinto que estou sendo útil para a tropa, para a população civil, e principalmente para Deus, porque minha atividade ajuda a resgatar a dignidade do ser humano, muitas vezes ignorada no calor da batalha.

Entretanto, ao ajudar ao próximo, preciso sacrificar o tempo dedicado para minha família, pois fico várias semanas e até alguns meses longe de casa. Para atenuar a minha ausência temporária, procuro conversar por telefone ou por videoconferência (rezar também), peço para mandarem a lição de casa por *email* para eu corrigir, pergunto sobre a escola, brincamos de adivinhas. A saudade é imensa. É preciso muito discernimento para entender qual é a vontade de Deus para mim, se devo ajudar às pessoas flageladas por guerras ou catástrofes, ou desempenhar meu dever como esposo e pai.

Depois de muita oração e conversas com vários padres, capelães militares, colegas cristãos na caserna e minha família, cheguei à conclusão de que ambas são da vontade de Deus, cabendo ao combatente dividir adequadamente seu tempo entre o trabalho e a família, e no caso de impasse o valor da família é maior. Mais importante, no entanto, é seguir sua consciência. Se você está indo para a missão apenas pelo dinheiro, ou para escapar de suas obrigações familiares, pode parar neste exato momento. Faça uma boa confissão, uma boa penitência em flexões de braço e cangurus, e volte a ler este livro desde o início.

O capacete da salvação vai ajudá-lo a se lembrar sempre e em todo lugar de qual é a sua missão, fazer a vontade de Deus, e de seu objetivo, que é ser salvo. Você não pode deixar a retórica do inimigo te atingir. Durante as missões somos mais vulneráveis emocionalmente, pela ansiedade, stress de combate, falta de conforto, etc. Sem o Capacete da Salvação começam a surgir as discussões por banalidades, o ciúme, o egoísmo, a arrogância, e a missão maior (salvar sua alma) fica comprometida, bem como as missões menores (resgatar e proteger a população, prender os criminosos, neutralizar os combatentes inimigos).

Muitos combatentes cometem suicídio porque estão emocionalmente abalados, pensamentos de sofrimento e morte atormentam sua cabeça dia e noite, memórias de pessoas na miséria absoluta, soterradas ou acidentadas tiram-lhe o sono. Colegas cometeram suicídio durante operações no exterior porque sua esposa terminou o relacionamento e avisou a ele por telefone. Esposas, conheçam bem seus maridos para poderem tomar decisões extremas como essa. Se eles forem vagabundos e adúlteros inveterados, uma separação não vai ter grande impacto a curto prazo (o remorso vem com o tempo), e eles não vão se matar. Entretanto, se eles forem boas pessoas, tementes a Deus, porém imaturos, incapazes de blindar suas emoções, a chance de suicídio é bem maior. O mesmo vale para os maridos, quando a esposa está em missão fora de casa.

Lembra-se de tudo o que escrevi no primeiro capítulo, sobre vigiar e não deixar a poluição do mundo entrar na sua cabeça? Limpe toda essa porcaria e preencha com memórias de sua família, desde aventuras em viagens até brincadeiras após o jantar. A sua nomeação para missão será mais bem recebida por todos. Acima de tudo, lembre-se: se você não está lutando pela sua salvação, então está lutando pelo quê?

7. ESPADA DO ESPÍRITO

"Assim terei o que responder ao que me afronta, pois confio na tua palavra", Salmos 118 (119), 42.

Desde a Idade do Bronze, os combatentes pré-históricos usavam espadas de diversos tipos, tamanhos e pesos. Cada civilização manifestou seu estilo próprio, por isso a *katana* japonesa é tão diferente da cimitarra dos muçulmanos, da montante dos ibéricos ou o gládio dos romanos. Mesmo com o advento das armas de fogo, a espada ainda é um símbolo do combatente honrado e justo.

A pólvora negra, e posteriormente a alma raiada do cano, mudaram o campo de batalha. Antes a distância de combate aproximado era de dois metros, hoje é de duzentos ou mais. Um combatente muitas vezes nem sabe quem o atingiu nem de onde, as tecnologias desenvolvidas para o combate deram um salto significativo no último século, aumentando a letalidade dos conflitos armados.

Continuam, entretanto, proibidas as condutas que causem sofrimento desnecessário ou dano excessivo ao combatente, como munições explosivas ou expansivas, armas laser que causam cegueira permanente, minas anti-pessoais. Armas químicas, biológicas e radiológicas também são proibidas, porque não distinguem alvos legítimos (combatentes) dos demais (população civil).

O uso da espada (ou do fuzil, atualmente) é o *métier* do combatente. Todo o treinamento e equipamento serve para que ele possa usar seu armamento nas melhores condições, e assim neutralizar o inimigo. Por isso a parte mais importante do preparo é o uso do armamento. Montagem, desmontagem, manutenção, clicagem, uso da mira, tiro sem mira, deitado, de joelhos, em pé, carregamento, troca de arma em combate, fatiamento, cobertura e abrigo, tiro com óculos de visão noturna, com luneta, com visor termal, munição traçante, perfurante, é o dia a dia do combatente, inclusive do combatente cristão. Em combate, o fuzil é a namorada, precisa ser muito bem cuidada e protegida, sempre a tiracolo até para tomar banho, tem que dormir abraçado ao fuzil como a uma esposa, mas mantê-lo travado para evitar disparo acidental (isso se aplica também ao namoro antes do casamento... nada de disparo acidental, copiado?)

Alguma dúvida de qual seria a Espada do Espírito, guerreiro? O combatente precisa conhecê-la em todos os detalhes, como funciona, quanto pesa, modo de carregamento, calibre, quanta munição cabe no carregador. Você não pode sair de casa sem ela. Nas missões o combatente precisa usá-la com muita prudência, para atingir os alvos positivamente identificados, e não desperdiçar disparos. São Paulo escreveu no final, a Espada do Espírito é a Palavra de Deus. Entendeu onde ela está? Na Bíblia Sagrada, onde mais?

Escolha sua Bíblia com cautela. Muita cautela. Para eventuais consultas você pode utilizar uma eletrônica, mas para estudo e emprego em combate é importante ter uma em papel, que não falha, não quebra, não depende de energia, e pode receber suas anotações. Bíblias cristãs são diferentes das usadas pelos protestantes, nestas não constam os livros de Tobias e Judite, por exemplo. Além disso, algumas traduções para o português têm variações. Eu sempre uso a Bíblia Ave-Maria e também a da CNBB. Jamais consulte os textos bíblicos de *sites* pouco confiáveis na Internet.

A palavra de Deus é uma arma valiosa no combate ao inimigo. Primeiro, ela é muito mais poderosa do que as palavras e gestos oriundos apenas da sua razão e intelecto. Além disso, o alcance Dela é muito maior, a Palavra de Deus é o único meio de abrir alguma fenda nos corações endurecidos pelo pecado. Tenha em mente que o inimigo não é aquele pobre pecador, mas o demônio agindo através dele. A vitória de Cristo é contra o pecado, é contra este inimigo que lutamos, ao mostrar a verdade para um pecador e permitir que Deus aja naquele pecador.

A Bíblia não deve ser simplesmente lida, ou estudada como se fosse um livro literário. O bom entendimento dos textos bíblicos exige uma atitude orante. Antes de mais nada, inicie com o sinal da cruz e um louvor, falado ou cantado. Se você não conhece canções de louvor, leia um Salmo e busque músicas gospel para ouvir diariamente. Comece pelos Evangelhos, e depois as cartas dos apóstolos, um capítulo por dia. Leia uma vez, reflita, leia mais uma vez. Fazer um diário espiritual ajuda muito.

"Onde dois ou mais estiverem reunidos em meu nome, ali estarei". A Palavra precisa ser partilhada para surtir efeito. Assim, o combatente cristão deve começar a falar de Deus com a esposa, depois com os filhos, aumenta para outros familiares, colegas mais próximos, mas sempre com muita humildade. Você não deve falar nada pela sua própria inteligência, mas pela ação do Espírito Santo através de você.

A Espada do Espírito só se sustenta se todos os demais itens da armadura estiverem em boas condições. Falar da vida e dos ensinamentos de Jesus e manter uma vida corrupta e promíscua é um discurso vazio, que pode até convencer os mais desesperados, mas está longe de Deus. Aliás, o seu diálogo com Deus deve ser contínuo, todo dia e toda hora são apropriadas para falar com Deus e ouvir o que Ele tem para falar.

A Palavra de Deus não se manifesta apenas somente pela fala ou pela escrita. Todo gesto, atitude ou obra do combatente demonstra é um testemunho de vida cristão. Mais do que ser educado com todos, sem distinção de classe social ou função desempenhada, o combate que o cristão peleja vai desde afastar-se de colegas de trabalho que só falam palavras chulas ou pornografia, deixar de usar produtos falsificados, até respeitar as leis de trânsito e recusar todo tipo de favorecimento indevido.

Vou escrever alguns exemplos de como o inimigo faz incursões para tentar atingir o combatente. Quando estava escrevendo este livro, mostrei o esboço para um colega cristão de farda, e ele disse que o conteúdo era muito forte, iria expor os problemas de muitos militares. A resposta veio como um tiro: "Bem aventurados sereis quando vos perseguirem e insultarem por minha causa". Ameaça neutralizada e confirmação de que estou no caminho certo.

Nas festas, sempre recuso todo tipo de bebida alcoólica, e nos restaurantes nós pedimos pratos saudáveis (pizza de brócolis, suco de laranja com cenoura). Quando perguntam o motivo, digo que "meu corpo é templo do Espírito Santo". Não preciso de qualquer substância artificial no cérebro para ser feliz. Como não assisto novela nem leio revistas de fofoca, nos comentários sobre isso eu respondo: "os olhos são a luz do corpo"; se eu não consumo lixo com a boca, por que consumiria com os olhos e ouvidos?

Quando alguém pergunta porque não grito, não falo palavras chulas e/ou juramentos, perante Deus ou não, digo para ele que "não é o que entra pela boca que contamina o homem, mas o que sai dela". Este é aparentemente contraditório com o anterior, reflita sobre eles e você perceberá quando usá-los.

Quando me perguntam o motivo de eu ser voluntário para missões de paz, entre outras missões militares, nas fronteiras ou nas favelas, mesmo com todo o perigo e desconforto, respondo na mesma hora: "Bem aventurados os pacificadores, porque serão chamados filhos de Deus". Nem minha família consegue entender porque eu fico longe deles por semanas, arriscando minha vida em favor de pessoas desconhecidas e muitas vezes mal agradecidas, egoístas e aproveitadoras. Muitas delas nunca ouviram falar de Jesus, ou não acreditam Nele.

Por vezes perguntam porque tenho um carro simples, casa simples, vou de bicicleta ao trabalho mesmo quando chove, não tenho *smartphone* último modelo e não uso roupas de grife, a resposta é "não se pode servir a dois senhores, quem serve ao deus do dinheiro não serve a Deus". Como nas conversas eu nunca exponho nada que não tenha sido perguntado ("por que você não disse que estudou e serviu no exterior, fala vários idiomas, serviu com o General Fulano?"), respondo apenas "quem se humilha será exaltado, e quem se exalta será humilhado". E quando começam a apontar meus pecados do passado, para desqualificar a obra de Deus feita através de mim, retorno com "tira a trave do teu olho antes de apontar o cisco no olho do teu irmão".

Muitas vezes tentaram mostrar para mim imagens de pornografia no alojamento, mas digo que "aquele que desejar outra mulher, ainda que em seu coração, cometeu adultério". E quando insinuam que minha esposa manda demais em mim, retorno o fogo com "amai as suas esposas como Cristo amou sua igreja", ou seja, com extremo sacrifício.

Já me disseram também que eu mereço um trabalho melhor, tenho qualificações para ganhar muito mais, sem ter que suportar um fardo tão pesado. Respondo com "tenho que florescer onde Deus me plantar". Se começam a inflar meu ego com elogios, verdadeiros e falsos, respondo "bem aventurados os humildes, porque herdarão a terra".

Quando defendo a observância da dignidade da pessoa humana nas operações, através das Regras de Engajamento, normas *jus cogens* de Direitos Humanos e/ou Direito Internacional dos Conflitos Armados, recebo de alguns afoitos a pecha de desunido, roda presa, traíra. A resposta é clara: "Bem aventurados os que são perseguidos por causa da justiça, porque deles é o Reino dos Céus". Quando pedem para eu aliviar o militar que cometeu algum desvio de conduta, disparo "Bem aventurados os que têm fome e sede de justiça, porque serão saciados".

Quando falam de dissolução de seus casamentos, já respondo que "o que Deus uniu o homem não separa". Se não haviam celebrado matrimônio na igreja, ou possuem diversos relacionamentos efêmeros, digo que "aquele que se entrega às suas paixões, como o cavalo e o burro, sobre eles o demônio tem poder".

Quando colocam em xeque a minha fé em Jesus Cristo, na Igreja Católica, e em Nossa Senhora, lembro das palavras de Jesus a Tomé: "Bem aventurados aqueles que creram sem terem visto". Se começam a murmurar sobre corrupção, calor, trânsito, frio, chuva, filas, dívidas, trabalho, investimentos, digo que "busquem primeiro o Reino de Deus e a sua justiça, e tudo o mais vos será acrescentado".

Não adianta copiar e repetir o que eu ou alguém falou. Entenda bem: não sou eu quem está falando, mas a Espada do Espírito Santo que fala através de mim. Por minhas forças apenas eu não conseguiria, a perseguição e a humilhação são muito fortes, o receio, a vergonha, e a concupiscência fariam eu dar de ombros e ficar quieto. Preciso ser autêntico, ou é melhor não falar nada.

Mais um exemplo: quando perguntam o que eu recebo com tudo isso, o que eu ganho, qual a vantagem, respondo: "que a minha mão direita não conheça a caridade que faz sua mão esquerda. O Senhor Deus observa o que fazes em segredo, e assim acumularás tesouros nos céus". O sentimento do dever cumprido é mais valioso que qualquer bem material ou vantagem. Ademais, tenho muita alegria em permanecer no anonimato. Quando eu desapareço, a obra de Deus aparece.

8. A HORA DO COMBATE

"Se o mundo vos odeia, sabeis que me odiou a mim antes que a vós. Se fôsseis do mundo, o mundo vos amaria como sendo seus. Como, porém, não sois do mundo, mas do mundo vos escolhi, por isso o mundo vos odeia. Lembrai-vos da palavra que eu disse: o servo não é maior que seu senhor. Se me perseguiram, também vos hão de perseguir. Se guardaram a minha palavra, hão de guardar também a vossa. Mas vos farão tudo isso por causa de meu nome, porque não conhecem aquele que me enviou. Se eu não viesse e não lhes tivesse falado, não teriam pecado: mas agora não há desculpa para o seu pecado. Se eu não tivesse feito entre eles obras, como nenhum outro fez, não teriam pecado; mas agora as viram e odiaram a mim e a meu Pai. Mas foi para que se cumpra a palavra que está escrita na sua Lei: odiaram-me sem motivo". João 15, 18 a 25.

Combatente, você pode levar a Luz do Mundo aonde ela é necessária. Não esconda sua capacidade de santificar a si mesmo e a sua família, além de trazer as ovelhas desgarradas do Senhor de volta para o rebanho. Jesus é o bom pastor. Ele conhece suas ovelhas pelo nome, e elas O reconhecem pela voz. O Bom Pastor dá a sua vida pelas suas ovelhas. Siga Seu exemplo. "Renuncie a si mesmo, tome a sua cruz e siga-me".

O combatente cristão teme a Deus, e a mais ninguém. Contudo, ouça a opinião de familiares e amigos cristãos, nem sempre nosso discernimento está bem sintonizado. Como líder de sua família, você é o cabeça, o primeiro a descer do helicóptero, o primeiro a desembarcar, o primeiro a encarar o inimigo. Quem gosta de ser o primeiro no salto livre noturno? Entregue-se a Deus com todo o teu corpo e toda a tua alma. "Segura na mão de Deus e vai".

Durante o período escolar até a faculdade eu era bastante tímido, falava pouco, tinha poucos amigos. Como eu não bebia e não falava palavras chulas, fizeram um *jingle* onde eu juntava as mãos, orava e dizia amém. Mal sabiam de minha infância cheia de pornografia, mentiras e falsidades. Apenas um exemplo: aos sete anos consegui enganar minha mãe para ela fazer para mim a lição de matemática, e a professora descobriu porque a caligrafia dela é muito mais bonita que a minha. Havia muito pecado mal confessado e muita mágoa mal resolvida, mas estava tudo guardado. Quando saí da faculdade, passei por momentos de muita tentação, de por tudo em prática.

À medida que eu ficava mais próximo de Deus, a tentação aumentava mais ainda. Quais eram meus pontos fracos? Primeiro, o fato de eu sempre ter visto o segmento feminino como objeto de consumo, desde minha infância. Meu namoro e noivado não foram nada santos, e acabei levando estes comportamentos para o matrimônio. A falta de diálogo e empatia era sempre o combustível para as discussões. Toda esta pecaminosidade estava acumulada, não tinha coragem para por em prática nem para confessar.

Várias pessoas me ajudaram a sair do círculo vicioso do pecado, mas a principal foi a minha esposa, que me ensinou o valor do trabalho e do estudo, e assim parei de vagabundagem e estudei com afinco todas as matérias da faculdade, depois para concursos. Minha soberba sumiu, pedia desculpas por tudo, até pelo que não tinha culpa. Minha preguiça e vaidade deram lugar ao trabalho em diversas áreas, como servente de pedreiro, professor de inglês, advogado e por fim militar. Faltava apenas a gula e a luxúria, que considero os dois mais difíceis.

Aos poucos aprendi a fazer jejum. Meu primeiro jejum foi de adoçante, na Quaresma. Não era fácil tomar nada amargo. Gostei tanto que hoje tomo café puro e suco de limão com alegria. Depois vieram vários jejuns na Quaresma, de arroz, de leite, sempre com cuidado para substituir por outros com valor nutricional parecido. Algumas vezes fiz jejum do almoço, mas não estava fácil fazer o percurso casa-trabalho-casa de bicicleta jejuando, pecava depois comendo demais.

Penitência é diferente de jejum. Ambos são uma mortificação do corpo, mas o jejum é deixar de comer, e a penitência é o esforço do corpo (ir para a academia não é penitência!). É como ração operacional no campo: se você comer, é penitência; se não comer, é jejum.

A penitência para vencer a luxúria foi mais trabalhosa. Exigiu o fim da pornografia e da masturbação, depois a confissão e reconciliação. Minha esposa teve muita paciência comigo, assim como eu tive com ela. Foi um esforço conjunto redescobrir a santidade no matrimônio, principalmente a fecundidade. Chega de vasectomia ou preservativos, usamos o método Billings. Já fomos agraciados com duas meninas, e se tivermos mais será uma bênção. "Qualquer um que receber uma dessas crianças, é a mim que recebes". Se o casamento não está aberto para a vida, através dos filhos, tampouco está para Deus.

O engajamento no combate espiritual pode ocorrer a qualquer momento, em qualquer lugar. Um dia estava saindo da padaria e encontrei dois meninos pedindo dinheiro, dizendo que estavam com fome e queriam comer alguma coisa. Já os tinha visto antes, fumando algo diferente de cigarro de filtro, na frente da igreja próxima. Não tive dúvidas. "Eu vi vocês dois usando droga ali na frente, e agora vocês me pedem dinheiro?". Negaram veementemente. "Libertem-se das drogas, elas estão matando vocês". Nunca mais os vi, na padaria ou na frente da igreja fumando. *Head shot* no inimigo.

Em mais de uma oportunidade eu vi pessoas jogando papel sujo no chão. Peguei o papel, fui até elas e disse: "Você deixou cair este papel." Esta foi uma boa oportunidade de vivenciar o amor ao próximo. Apesar de terem ficado envergonhadas por terem sido pegas fazendo algo errado, dei-lhes a oportunidade de se redimir. Se voltaram a fazer sujeira no chão, não importa para mim.

Escolha bem a quem você vai servir. "Quem quiser manter a sua vida, irá perdê-la. Mas quem perder a sua vida por minha causa, mantê-la-á". Estamos neste mundo, com todos os problemas dentro de nós, o pecado. Os que aparentemente estão fora de nós estão dentro de alguém, e não cabe a nós julgar o pecado do próximo. "Com a régua que medirdes sereis medido".

Você não está aqui para julgar, mas para ajudar a salvar. Assim você será salvo. Simples assim, como as coisas de Deus devem ser.

CONCLUSÃO

"Os onze discípulos foram para a Galileia, para a montanha que Jesus lhes tinha designado. Quando o viram, adoraram-no; entretanto, alguns hesitavam ainda. Mas Jesus, aproximando-se, lhes disse: 'Toda autoridade me foi dada no céu e na terra. Ide, pois, e ensinai a todas as nações; batizai-as em nome do Pai, do Filho e do Espírito Santo. Ensinai-as a observar tudo o que prescrevi. Eis que estou convosco todos os dias, até o fim do mundo" Mateus 28, 16 a 20.

O cristão não é deste mundo, não pertence a este mundo. Acreditar em Jesus e seguir Sua Palavra é vista como loucura por quem vive nas regras do mundo. Este tipo de combatente espiritual forma um destacamento incumbido de cumprir uma missão, determinada por Deus em virtude de Seu amor pela sua Criação. Somos todos soldados a comando de Nosso Senhor Jesus Cristo, cada um na sua especialidade, mas tendo sempre em mente a missão.

Pode ser que você tenha valorosamente chegado até aqui, leitor, mas tenha ainda dúvidas sobre esta posição mais atuante do católico em relação ao mundo que o cerca, da necessidade de se engajar no combate espiritual. Não vos conformeis com este mundo, mas transformai-vos pela renovação do vosso espírito, escreveu São Paulo aos Romanos.

São Pio X, em seu Catecismo, deixa ainda mais claro: "A Confirmação, ou Crisma, é um Sacramento que nos dá o Espírito Santo, imprime na nossa alma **o caráter de soldados de Cristo**, e nos faz perfeitos cristãos" (Catecismo, 575). Não sabia? Tarde demais, agora você já sabe. Confirmados verdadeiros cristãos recebemos os dons do Espírito Santo, o apoio de fogos necessário para a batalha contra nosso único inimigo.

O selo espiritual que a Confirmação traz é rica de significados: é sinal de abundância, de alegria, de purificação, de beleza, mas também de agilidade (unção dos atletas e dos lutadores) e de cura (ameniza contusões e ajuda a cicatrizar feridas) (CIC, 1293).

Cada um dos dons infusos do Espírito Santo está intimamente ligado a uma virtude humana (disposição habitual e firme para fazer o bem), por isso é essencial praticar a virtude sempre (ela depende somente de você) e nos momentos de dificuldade o Espírito Santo age, realizando o impossível a partir do momento em que você esgota o possível. É como se você estivesse remando em alto mar e, quando aparece um tubarão, um vento forte começa a empurrar a embarcação para terra firme.

Seguem as virtudes e seus respectivos dons, e uma brevíssima explicação:

Virtude da Fé – Dom do Entendimento

São Tomás de Aquino, aos seis anos de idade, perguntou a um Padre: "Quem é Deus?", "Você não precisa entender", respondeu o Padre, "isso é assunto de fé." "Mas é justamente porque eu tenho fé em Deus que eu quero entende-lO"

Na doutrina católica, a Virtude da Fé e o Dom do Entendimento são conceitos que se complementam, mas possuem diferenças importantes. A Fé, virtude teologal, é uma disposição habitual que nos leva a acreditar em Deus e em tudo o que Ele revelou. É uma resposta livre do ser humano à revelação divina, que nos permite confiar nas verdades que não podemos compreender completamente com a razão sozinha.

Por outro lado, o Dom do Entendimento é um dos dons do Espírito Santo. Ele nos concede a capacidade de compreender mais profundamente as verdades reveladas por Deus. Enquanto a Fé nos leva a acreditar, o Dom do Entendimento nos ajuda a compreender essas verdades de forma mais clara e profunda, facilitando uma relação mais íntima com Deus e uma maior compreensão de Sua vontade.

Resumindo, a Virtude da Fé é a disposição habitual de acreditar em Deus, enquanto o Dom do Entendimento é uma graça que nos ajuda a compreender melhor essas verdades. Ambos são essenciais na vida cristã: a Fé nos sustenta na esperança e na confiança, e o Dom do Entendimento aprofunda essa relação, permitindo-nos conhecer mais de Deus e de Sua obra.

Virtude da Esperança – Dom de Ciência

"Espera, ó minha alma, espera. Ignoras o dia e a hora (...) quanto mais pelejares, mais provarás o amor que tens a teu Deus e mais te alegrarás um dia com teu Bem Amado, numa felicidade e num êxtase que não poderão jamais terminar", Santa Teresa de Jesus

A Virtude da Esperança é uma das três virtudes teologais, juntamente com a Fé e a Caridade. Ela é uma disposição habitual que nos leva a desejar e esperar, com confiança, a vida eterna e as promessas de Deus. Segundo a doutrina católica, a esperança sustenta o coração do cristão, mesmo diante das dificuldades e sofrimentos, pois acredita na fidelidade de Deus e na realização de suas promessas.

Essa virtude não é apenas um sentimento de otimismo, mas uma firme confiança de que, com a graça de Deus, podemos alcançar a salvação e a plenitude da vida. A esperança motiva o cristão a perseverar na fé, a buscar a santidade e a manter-se firme diante das adversidades, sempre confiando na misericórdia divina.

Por outro lado, o Dom de Ciência é um dos dons do Espírito Santo que capacita o crente a conhecer as verdades de Deus e de Sua criação. Este dom não se refere apenas ao conhecimento intelectual, mas a uma compreensão profunda e espiritual das realidades divinas e humanas, que leva à admiração e ao amor por Deus.

O Dom de Ciência ajuda o cristão a discernir o que é verdadeiro, bom e belo, orientando suas ações e decisões de acordo com a vontade de Deus. Ele ilumina a mente, permitindo que o fiel perceba a presença de Deus no mundo e na sua própria vida, promovendo uma compreensão mais ampla do mistério divino.

Embora distintas, a Virtude da Esperança e o Dom de Ciência se complementam na jornada espiritual. A esperança fornece a motivação e a confiança necessárias para perseverar na fé, mesmo sem compreender completamente os mistérios de Deus. Ela sustenta o coração do cristão na busca pela salvação.

Já o Dom de Ciência oferece o conhecimento que aprofunda essa esperança, esclarecendo as verdades de Deus e fortalecendo a fé com entendimento. Enquanto a esperança mantém o olhar no futuro e na promessa de Deus, o Dom de Ciência ajuda a perceber a presença de Deus no presente, alimentando a confiança e o amor.

Na doutrina católica, a Virtude da Esperança e o Dom de Ciência desempenham papéis essenciais na vida do cristão. A esperança é o alicerce que sustenta a confiança na misericórdia divina, enquanto o Dom de Ciência ilumina a mente, permitindo uma compreensão mais profunda do mistério de Deus. Juntos, eles conduzem o fiel a uma relação mais plena e consciente com o Criador, promovendo uma caminhada de fé fundamentada na confiança e no conhecimento.

Virtude da Caridade – Dom de Sabedoria

"Se afastamos do mal pelo castigo, somos escravos; se buscamos o bem pela recompensa, somos mercenários; se é pelo bem em si mesmo, e por amor de quem manda que nós obedecemos, então estamos na posição de filhos", São Basílio

Na vida espiritual do cristão, a busca por uma união mais profunda com Deus e com o próximo é sustentada por diversas virtudes e dons do Espírito Santo. Entre esses, destacam-se a Virtude da Caridade e o Dom de Sabedoria. Embora tenham funções distintas, eles se complementam na caminhada de fé, ajudando o crente a amar verdadeiramente e a compreender o mistério de Deus.

A Virtude da Caridade, também conhecida como amor, é considerada a maior das virtudes teologais. Ela é uma disposição habitual que leva o cristão a amar a Deus acima de todas as coisas e ao próximo como a si mesmo. Segundo a doutrina católica, a caridade é o amor que se manifesta em ações concretas, buscando o bem do outro sem esperar recompensa.

A caridade é o coração da vida cristã, pois reflete o amor de Deus por nós e nos convida a amar de maneira desinteressada. Ela se manifesta na misericórdia, na compaixão, na paciência e na doação de si mesmo pelos outros. Essa virtude transforma o modo de viver, tornando-se uma expressão do amor divino na prática diária.

Por outro lado, o Dom de Sabedoria é um dos dons do Espírito Santo que nos capacita a perceber e valorizar as coisas de Deus com uma compreensão profunda. Ele nos ajuda a enxergar a realidade à luz da fé, reconhecendo a presença de Deus em todas as coisas e valorizando o que é verdadeiro, bom e belo.

A Sabedoria não se limita ao conhecimento intelectual, mas envolve uma experiência de amor e de união com Deus. Ela nos conduz a uma compreensão mais profunda do mistério divino, ajudando-nos a discernir o que é mais importante na vida e a orientar nossas ações de acordo com a vontade de Deus.

Embora distintas, a Virtude da Caridade e o Dom de Sabedoria estão intrinsecamente ligados na vida do cristão. A caridade é o amor que se manifesta em ações concretas, enquanto a sabedoria é o entendimento que nos ajuda a amar de forma mais profunda e verdadeira.

A Sabedoria ilumina a mente, permitindo que percebamos a presença de Deus em tudo ao nosso redor, despertando em nós um amor mais genuíno e desinteressado. Já a Caridade nos leva a colocar esse amor em prática, vivendo de modo que reflita o amor de Deus por toda a humanidade.

Na doutrina católica, a Virtude da Caridade e o Dom de Sabedoria são essenciais para uma vida plena e autêntica na fé. A caridade nos ensina a amar de verdade, enquanto a sabedoria nos ajuda a compreender o amor de Deus e a aplicá-lo em nossas ações. Juntos, eles formam um caminho de crescimento espiritual, levando o cristão a uma união mais profunda com Deus e com o próximo, fundamentada no amor verdadeiro e na compreensão do mistério divino.

Virtude da Prudência – Dom de Conselho

"O homem sagaz discerne os seus passos" Provérbios 14,15

A Igreja ensina que contamos com virtudes e dons do Espírito Santo que nos ajudam na nossa peregrinação terrestre. Entre eles estão a

Virtude da Prudência e o Dom de Conselho. Embora tenham funções distintas, ambos trabalham juntos para orientar nossas ações e decisões, promovendo uma vida mais alinhada com o amor e a vontade de Deus.

A Prudência é uma das virtudes cardeais, consideradas essenciais na vida moral do cristão. Ela é a capacidade de discernir o que é correto e agir de forma sensata, prudente e justa. Segundo a doutrina católica, a prudência nos ajuda a avaliar as circunstâncias, pesar as consequências de nossas ações e escolher o melhor caminho a seguir.

Essa virtude é como um farol que ilumina nossas decisões, evitando impulsos e ações precipitadas. Ela nos incentiva a refletir, buscar conselho quando necessário e agir com moderação, sempre buscando o bem maior e a vontade de Deus. A prudência, portanto, é uma virtude que nos acompanha em todas as áreas da vida, ajudando-nos a viver com responsabilidade e sabedoria.

Por outro lado, o Dom de Conselho é um dos dons do Espírito Santo que nos concede uma orientação especial na tomada de decisões. Ele nos ajuda a discernir a vontade de Deus em nossas vidas, oferecendo uma orientação interior que nos leva a escolhas que promovem o bem espiritual e moral.

O Conselho não é apenas uma opinião, mas uma ajuda divina que nos guia a agir com prudência, amor e justiça. Ele nos capacita a ouvir a voz de Deus no nosso coração, a buscar conselho na oração, na Igreja e na comunidade, e a tomar decisões que estejam alinhadas com os valores do Evangelho. Assim, o Dom de Conselho é uma luz que ilumina o caminho, especialmente em momentos de dúvida ou dificuldade.

Embora distintas, a Virtude da Prudência e o Dom de Conselho se complementam na vida do cristão. A prudência é a virtude que nos prepara para agir com sensatez, enquanto o Dom de Conselho é a orientação divina que nos ajuda a escolher o melhor caminho de acordo com a vontade de Deus.

A prudência nos dá a capacidade de avaliar as situações com maturidade, enquanto o Conselho nos ajuda a perceber qual decisão é mais alinhada com o plano de Deus para nossa vida. Juntos, eles formam uma dupla poderosa que nos conduz a ações sábias, justas e amorosas.

Na caminhada de fé, a Virtude da Prudência e o Dom de Conselho são essenciais para viver de forma responsável e alinhada com a vontade de Deus. A prudência nos ensina a agir com sensatez e responsabilidade, enquanto o Conselho nos orienta a discernir a vontade divina em nossas escolhas. Quando trabalharem juntos, ajudam-nos a tomar decisões que promovem o bem espiritual, fortalecendo nossa relação com Deus e com o próximo. Que possamos sempre buscar essa sabedoria divina para caminhar com segurança e amor pelo caminho do Senhor.

Virtude da Justiça – Dom de Piedade

"Senhores, dai a vossos servos o justo e equitativo, sabendo que vós tendes um Senhor no céu", Colossenses 4,1

Na vida cristã, buscar a perfeição moral e a união com Deus envolve a prática de virtudes e o recebimento de dons do Espírito Santo. Entre esses, destacam-se a Virtude da Justiça e o Dom de Piedade. Embora tenham funções distintas, ambos são essenciais para uma vida de fé autêntica, promovendo o amor, a misericórdia e a harmonia nas relações humanas e com Deus.

A Justiça é uma das virtudes cardeais, consideradas fundamentais na vida moral do cristão. Ela consiste em dar a cada um o que lhe é devido, promovendo a equidade, a honestidade e o respeito às leis e aos direitos do próximo. Segundo a doutrina católica, a justiça é o alicerce das relações humanas, pois garante que as ações sejam pautadas na verdade, na justiça social e na solidariedade.

Praticar a justiça significa agir com integridade, defender os direitos dos outros e promover o bem comum. Essa virtude nos convida a sermos justos em nossas atitudes, a respeitar as diferenças e a buscar sempre a equidade, refletindo o amor de Deus na convivência diária.

Por outro lado, o Dom de Piedade é um dos dons do Espírito Santo que nos leva a uma relação filial e amorosa com Deus. Ele nos ajuda a reconhecer Deus como nosso Pai amoroso e a desenvolver uma atitude de reverência, respeito e devoção. A piedade nos inspira a amar a Deus de todo o coração, com sinceridade e gratidão, e a demonstrar esse amor através de ações de misericórdia e cuidado com o próximo.

A piedade também nos motiva a cultivar uma atitude de humildade, confiança e gratidão, reconhecendo a presença de Deus em nossas vidas e na vida dos outros. É uma virtude que nos leva a viver com um coração cheio de amor e reverência, promovendo a harmonia entre nossa relação com Deus e com as pessoas ao nosso redor.

Embora distintas, a Virtude da Justiça e o Dom de Piedade se complementam na caminhada de fé. A justiça garante que nossas ações sejam corretas e justas, promovendo o respeito e o bem comum. Já a piedade nos ajuda a cultivar uma relação amorosa e reverente com Deus, que se manifesta também no cuidado e na misericórdia com o próximo.

A justiça sem piedade pode se tornar fria ou impessoal, enquanto a piedade sem justiça pode se transformar em sentimentalismo ou complacência. Juntas, essas virtudes e dons formam um equilíbrio que nos leva a agir com retidão, amor e misericórdia, refletindo o coração de Deus em nossas vidas.

Na doutrina católica, a Virtude da Justiça e o Dom de Piedade são essenciais para uma vida plena e alinhada com a vontade de Deus. A justiça nos orienta a agir com equidade e integridade, enquanto a piedade nos conduz a amar e reverenciar a Deus e ao próximo. Quando cultivadas juntas, essas virtudes nos ajudam a viver com responsabilidade, amor e misericórdia, construindo uma sociedade mais justa e um coração mais cheio de amor divino. Que possamos sempre buscar essa harmonia para caminhar com fé, esperança e amor no caminho.

Virtude da Coragem – Dom da Fortaleza
"Minha força e meu canto é o Senhor", Salmos 118,14
"No mundo tereis tribulações, mas tende coragem: eu venci o mundo"
João 16,33
Na caminhada de fé, enfrentamos diversos desafios e obstáculos que exigem de nós força, coragem e resistência. A Igreja Católica nos ensina

que, para superar essas dificuldades, contamos com virtudes e dons do Espírito Santo que nos fortalecem e nos ajudam a perseverar. Entre eles, destacam-se a Virtude da Coragem e o Dom da Fortaleza. Embora tenham funções distintas, ambos trabalham juntos para nos dar coragem e firmeza para seguir o caminho de Deus com confiança e esperança.

A Coragem é uma das virtudes cardeais, essenciais na vida moral do cristão. Ela nos capacita a enfrentar o medo, as dificuldades e as tentações com firmeza e determinação. Segundo a doutrina católica, a coragem nos ajuda a não recuar diante do mal, a perseverar na fé e a agir com bravura, mesmo quando o caminho é difícil.

Praticar a coragem significa não se deixar dominar pelo medo, mas confiar na força de Deus para superar os obstáculos. É a virtude que nos impulsiona a defender a verdade, a justiça e a nossa fé, mesmo em momentos de adversidade. Assim, a coragem é uma virtude que nos fortalece interiormente, permitindo-nos avançar com esperança e confiança na promessa de Deus.

Por outro lado, o Dom da Fortaleza é um dos dons do Espírito Santo que nos concede força e resistência espiritual. Ele nos ajuda a manter a firmeza na fé, especialmente em momentos de provação, sofrimento ou tentação. A Fortaleza nos dá coragem para suportar as dificuldades, sem perder a esperança ou a confiança em Deus.

Esse dom nos capacita a resistir às tentações, a enfrentar as adversidades com serenidade e a perseverar na prática do bem. Ele é uma ajuda divina que nos sustenta, fortalecendo nossa alma e nos dando coragem para seguir adiante, mesmo quando tudo parece difícil. A Fortaleza é, portanto, uma força interior que vem de Deus para nos manter firmes na nossa vocação cristã.

Embora distintas, a Virtude da Coragem e o Dom da Fortaleza se complementam na vida do cristão. A coragem é uma virtude que podemos cultivar com esforço humano, ajudando-nos a agir com bravura diante dos desafios. Já a Fortaleza é um dom do Espírito Santo, uma graça divina que nos sustenta e fortalece em momentos de maior dificuldade.

Juntos, eles formam uma dupla poderosa: a coragem nos impulsiona a agir, enquanto a Fortaleza nos sustenta na perseverança. A virtude da coragem nos ajuda a dar o primeiro passo, a enfrentar o medo, enquanto o dom da Fortaleza nos dá força para continuar, mesmo quando o caminho fica difícil. Assim, podemos dizer que a coragem é o impulso humano, e a Fortaleza é o apoio divino que nos sustenta na jornada.

Na vida cristã, a Virtude da Coragem e o Dom da Fortaleza são essenciais para enfrentar os desafios com fé, esperança e amor. A coragem nos motiva a agir com bravura, enquanto a Fortaleza nos dá força para perseverar e resistir às tentações e dificuldades. Quando trabalharem juntas, essas forças nos ajudam a viver com firmeza e confiança na promessa de Deus.

Virtude da Temperança – Dom do Temor a Deus
"Não te deixes levar por tuas paixões e refreia os teus desejos",
Eclesiástico 18, 30

A Temperança é uma das quatro virtudes cardeais e refere-se ao domínio racional sobre os desejos e paixões, promovendo o equilíbrio nas ações humanas. Segundo Santo Tomás de Aquino, ela modera os prazeres sensuais, ajudando o indivíduo a evitar excessos e a buscar a moderação em todos os aspectos da vida (Summa Theologiae, II-II, q. 141).

Na prática, a temperança manifesta-se na capacidade de desfrutar das coisas boas criadas por Deus sem se deixar dominar por elas. Ela favorece uma vida equilibrada, promovendo saúde física, mental e espiritual. Para os católicos, essa virtude é fundamental para viver uma existência harmoniosa e alinhada com a vontade de Deus.

Por outro lado, o Dom do Temor de Deus é um dos sete dons do Espírito Santo mencionados no livro de Isaías (11:2-3). Ele não deve ser confundido com o medo servil ou terror; trata-se de um sentimento reverente e filial diante de Deus, reconhecendo Sua grandeza, santidade e autoridade.

O Dom do Temor a Deus leva o fiel a evitar o pecado por amor e respeito ao Senhor, promovendo uma relação de confiança e submissão voluntária à Sua vontade. Ele sustenta a vida moral ao despertar no coração do crente um profundo senso de responsabilidade diante de Deus.

Embora distintas em sua natureza — uma sendo uma virtude moral adquirida pelo esforço humano (virtude cardeal) e outra um dom concedido pelo Espírito Santo — ambas são essenciais para o crescimento espiritual.

A temperança é cultivada através do exercício das virtudes humanas e divinas; já o Dom do Temor é um presente gratuito do Espírito Santo. A temperança ajuda na moderação dos desejos mundanos; o Dom do Temor promove uma atitude reverente que evita o pecado por amor a Deus. A temperança atua na esfera dos apetites sensuais e bens materiais; o Dom do Temor atua na disposição interior de respeito e submissão à vontade divina.

Na vida cristã plena, essas duas realidades se complementam. A temperança fornece os meios práticos para controlar as paixões humanas, enquanto o Dom do Temor mantém viva no coração a consciência da presença de Deus e seu infinito poder. Juntas, ajudam o fiel a evitar excessos e atitudes que possam afastá-lo de Deus.

A virtude da Temperança e o Dom do Temor a Deus representam dois pilares essenciais na formação moral do cristão católico. Enquanto uma promove o equilíbrio nas ações humanas, a outra sustenta uma relação filial com Deus baseada no respeito reverente. O desenvolvimento dessas qualidades contribui para uma vida mais santa, harmoniosa e alinhada com os ensinamentos divinos.

Detalhe importante: as virtudes precisam ser utilizadas em seu conjunto, senão nenhuma delas se mantém. Como escreveu G. K. Chesterton, se as virtudes forem isoladas, elas ficam loucas. Imagine praticar atos corajosos sem nenhuma prudência, ou fazer justiça sem temperança, ou exercer a caridade desvinculada da fé e da esperança...

Finalizando: o que caracteriza um combatente? De acordo com a previsão do art. 3º da Convenção de Genebra relativa aos Prisioneiros de Guerra, para ser considerado um combatente a pessoa deve cumprir os seguintes requisitos:

1. Fazer parte de uma cadeia de comando, no nosso caso a cadeia de comando é a Santíssima Trindade, o Santo Padre o Papa, os cardeais, os bispos, os padres, os diáconos e os leigos, podendo haver também um coordenador do seu grupo de oração e do seu ministério ou pastoral.

2. Usar um sinal distintivo, para se diferenciar da população, fundamental entre os combatentes para que saibam de que tropa fazem parte. Pode ser uma medalha, um escapulário, um pingente ou até um anel ou pulseira, desde que abençoados.

3. Portar armas ostensivamente. Se o combatente tem receio do que as outras pessoas vão pensar se ela for vista com uma Bíblia Sagrada ou um terço nas mãos, infelizmente este combatente ainda não está pronto.

4. Seguir as leis e costumes da guerra, ou seja, conhecer e cumprir os mandamentos da Lei de Deus, devidamente explanados por Jesus Cristo no sermão da Montanha (Mateus 5, 6 e 7), além do Catecismo da Igreja e das regras de vida do seu ministério ou comunidade de vida.

Dúvidas, guerreiro? Então, sobraram as dívidas. Você recebeu a graça de Deus na sua vida tantas vezes, a retribuição adequada é fazer o bem ao próximo, ajudar a salvar as pessoas, contribuir para a Sua obra. "Coragem, eu venci o mundo". Lute do lado de quem já ganhou, e vai continuar ganhando a batalha!!

POSFÁCIO – CAMPO DA ARMADURA DO CRISTÃO (CAC)

Tudo muito bom na teoria, mas como colocar em prática? Como treinar de fato os homens de boa vontade para se tornarem combatentes espirituais? A leitura deste livro é um bom começo, mas a vida de oração de um guerreiro de Deus pode ser muito apurada se a ele for proporcionado um encontro pessoal com Deus, através de um retiro que coloque em prática tudo o que foi ensinado aqui.

A vida de oração é semelhante ao treinamento para o combate, ou seja, precisa estar na massa do sangue do indivíduo, pois vai ser necessário justamente nos momentos críticos, nas tribulações da vida, que a oração vai ser mais necessária.

No entanto, saiba que mar calmo não forma bom marinheiro. Ninguém vai conseguir formar uma identidade de soldado de Cristo se estiver protegido no ar-condicionado, degustando *croissants* e *espressos* e postando textos e vídeos de motivação nas mídias sociais.

"A disciplina militar prestante, não se aprende, senhor, na fantasia, sonhando, imaginando ou estudando; senão vendo, tratando e pelejando", escreveu Luís de Camões ao rei Dom Sebastião. Em suma, a peleja se aprende pelejando, seja para andar de bicicleta ou viver em linha reta.

Pensando em colocar em prática todas estas ideias, a Comunidade Família Santa em Goiânia/GO desenvolve, desde 2019, um retiro espiritual com atividades físicas, chamado Campo da Armadura do Cristão (mas que todo mundo fala CAC mesmo), com muita oração, unção do Espírito Santo e provas baseadas em cada uma das peças da armadura que São Paulo descreveu em Efésios 6.

Como todo retiro, é fundamental que o encontrista participe de coração aberto, senão Deus não vai encontrar espaço para agir. No CAC é a mesma coisa, não tem sentido chegar no dia com medo do que vai acontecer ou, pior ainda, querendo competir e ganhar dos outros. Seu maior adversário quer isso mesmo, que você desanime pelo medo ou se ensorbeça diminuindo os demais.

Você pode ficar desapontado comigo, mas eu não posso contar aqui como funciona o retiro do CAC em detalhes, do contrário você que ainda não participou do evento vai ser prejudicado, não vai ter o efeito surpresa. O que eu posso escrever são orientações para participar bem de tudo.

O retiro do CAC é apenas para homens, crismados ou em vias de receber este importante sacramento. O Crisma ou Confirmação é o sinal indelével do Soldado de Cristo, segundo São Pio X. As mulheres também têm os retiros delas, não é nada pessoal. Mas para formar homens santos precisamos estar apenas entre homens.

O provérbio "Como o ferro com o ferro se afia, assim um homem afia o seu amigo" (Provérbios 27, 17) significa que, assim como o ferro se torna mais afiado quando friccionado contra outro ferro, também os homens são aperfeiçoados e fortalecidos pela interação com os outros. A ferrugem da alma pode exigir um atrito maior para ser limpa, e o contato com a natureza, com a Palavra de Deus e o testemunho dos colegas vai proporcionar.

Primeiramente, faça uma boa confissão e prepare bem sua alma (eventualmente, se você morrer no retiro, seus pecados mortais não te levarão à condenação eterna, se bem confessados...). Brincadeiras à parte, o Espírito Santo age com mais facilidade na alma contrita, e você vai poder sentir as moções da Terceira Pessoa da Trindade com sintonia fina, fato que apenas quem está em estado de graça é capaz de perceber.

Em segundo lugar, saiba que as atividades físicas do CAC envolvem esforços físicos diversos, como caminhadas longas, caminhadas curtas com carga, técnicas verticais, orientação com cartas topográficas, progressão diurna e noturna, tiro de ação reflexa em ambiente confinado, tudo com uma boa dose de rusticidade, como todo acampamento digno de receber este nome.

Mas isso não impede que nenhuma pessoa faça o CAC, já que todas as provas podem ser adaptadas de acordo com a realidade fisiológica do aluno. Mas eu posso garantir que pessoas obesas, com paralisia parcial, cegueira parcial, diabetes, problemas cardíacos, úlcera, hemofilia, artrite, epilepsia e outras condições clínicas similares conseguiram realizar todas as atividades.

Não precisa ser atleta para ir para o retiro, mas se este é um receio que domina seu coração, está na hora de você cuidar um pouco melhor de si mesmo, na alimentação, atividade física e bons hábitos de saúde física e mental. Como você pretende ser um pai de família presente em casa se estiver atolado nos vícios?

O que levar para o retiro do CAC (equipamento individual): roupa fechada (manga comprida e calças), tênis ou coturno, bermuda térmica ou sunga (para evitar assadura), terço, Bíblia, cantil ou similar, talheres, lanterna, fósforos, kit de higiene (papel higiênico, lenço umedecido, talco para pés, sabonete, xampu, barbeador, pente de cabelo, pinça, chinelos, toalha), 2 ou 3 trocas de meias, troca completa de roupas, repelente, protetor solar, kit de primeiros socorros (esparadrapo, gaze, antisséptico, anti-inflamatório, analgésico, repositor eletrolítico em pó). Juntar tudo em um saco impermeável e que caiba numa mochila tipo bornal. Leve também um saco de dormir e/ou manta térmica, dentro de um saco plástico. Material molhado cachorro arrepiado.

Não leve barraca, alimentos ou armas (de fogo ou brancas) para o retiro, não tem a menor necessidade, vai apenas te atrapalhar e ocupar espaço. Celulares, chaves de carro e componentes eletrônicos vão ficar em um lugar seguro, para serem devolvidos ao final. Avise aos seus familiares de que você não vai estar disponível nestes dias do retiro.

Por fim, dentro daquilo que eu posso falar sem revelar os detalhes do CAC para você, é que você vai receber uma cruz de madeira, de 50 cm x 30 cm. Carregue esta cruz com toda devoção, ela simboliza a maior prova de um Deus de amor que veio a este mundo para morrer pela nossa salvação.

Foi por mim. Foi por você. Faça valer a pena.
BAMBU!!!

###

Meus sinceros agradecimentos por ter lido este livro. Espero comentários e críticas em rogeriocietto@gmail.com

Leia também:
Combatendo o bom combate – Como lutar contra o terrorismo com uma operação de paz[1]
Ecolar – Uma visão holística sobre a vida sustentável[2]
O Leão e o Dragão – um conto FICTÍCIO sobre Economia e Política[3]
Lamento informar que não tenho perfil no Facebook, Twitter ou qualquer outra mídia social.
Deus te abençoe.

---

1. http://www.smashwords.com/books/view/264899

2. https://www.smashwords.com/books/view/658185

3. https://www.smashwords.com/books/view/745236